স্মৃতির পাতা থেকে

Anita Bagchi

notionpress.com

INDIA • SINGAPORE • MALAYSIA

ISBN
Paperback 979-8-90560-725-7
Hardcase 979-8-90560-726-4

বইটির নাম - স্মৃতির পাতা থেকে

এবার নাতি দুটো আর নাতনীকে নিয়ে যাত্রা শুরু করলাম। নিজের জীবনের সত্যিকারের ছোট ছোট গুঞ্জন যা কখনোই মুছে ফেলা যাবে না আমৃত্যু। সেই সব ঘটনার সমারোহ এখানে দিলাম।

নিজের যখন মনে হয় এটা আমার ঘটনা নয়, সবার, তখন লিখতে শুরু করি। আর বিশ্বাস করতে চেষ্টা করি এ ঘটনা তোমারও। পড়ে দেখো তো ঠিক কিনা? ঠিক হলে আমার জয়। এখানেই শুরু, শেষ নয়।

অনিতা বাগচী।

Dedication

আর এবার উৎসর্গ করলাম আমার দাদাকে, শ্রদ্ধেয় শ্রীযুক্ত মঞ্জুকেশ ভট্টাচার্যকে। ছোটদাকে প্রণাম জানিয়ে ছোট বোন অনিতা।

Contents

বইটির নাম - স্মৃতির পাতা থেকে

এবার নাতি দুটো আর নাতনীকে নিয়ে যাত্রা শুরু করলাম। নিজের জীবনের সত্যিকারের ছোট ছোট গুঞ্জন যা কখনোই মুছে ফেলা যাবে না আমৃত্যু। সেই সব ঘটনার সমারোহ এখানে দিলাম।

নিজের যখন মনে হয় এটা আমার ঘটনা নয়, সবার, তখন লিখতে শুরু করি। আর বিশ্বাস করতে চেষ্টা করি এ ঘটনা তোমারও। পড়ে দেখো তো ঠিক কিনা? ঠিক হলে আমার জয়। এখানেই শুরু, শেষ নয়।

অনিতা বাগচী।

আর এবার উৎসর্গ করলাম শ্রদ্ধেয় আমার দাদাকে, শ্রদ্ধেয় শ্রীযুক্ত মঞ্জুকেশ ভট্টাচার্যকে। ছোটদাকে প্রণাম জানিয়ে ছোট বোন অনিতা।

প্রচ্ছদ: অন্বেষা বাগচী

অলংকরণ: অহনা বাগচী, অভিদীপ মুখার্জি আর অন্তরীপ মুখার্জি

অভাবনীয়

প্রতিটি মানুষের জীবনটাই ঘটনার ঘনঘটায় ভর্তি। ঘটনা মানে জীবনে যা ঘটে, আর ঘটনার ঘনঘটা হচ্ছে, যেটা আরও বেশি ঘটনার থেকেও আরেক কাঠি উপরে। সেটাকে আমি বলি ঘটনার ঘনঘটা। এই রকম ঘটনা কখনো একাদটা আর্তনাদ হয়ে জীবনে আসে, প্রত্যেক মানুষের জীবনে। কখনো জীবনটাকে ছারখার করে দেয়, আবার কখনো নতুন উপলব্ধি শেখায়। আমার জীবনটা নিয়ে যদি আমি বলি, আমার জীবনটা ভীষণ নাটকীয়। এই জন্য বলছি, একেকটা ঘটনা জীবনের উপর দিয়ে এমনভাবে বয়ে গেছে যেটাকে মিরাকেল বলা যায়। আর সেটার থেকে বেঁচে যাওয়ার পর ঈশ্বরের অস্তিত্ব যেন নতুন করে আমি টের পাই। আর বলি, ভগবান! তুমি এত দয়াময়। সেই রকমই আজ কয়েকটা ঘটনার কথা বলব, যা প্রকৃত অর্থে অঘটন। আর যদি সত্যিই অঘটন আমার জীবনে ঘটত, তবে আমি হয়তো এ পৃথিবীতে থাকতাম না। অন্য কোনোখানে তারায় তারায় খচিত কোন অন্তরীক্ষের ধূলিকণায় মিশে থাকতাম। মিশে তো যেতেই হবে, অমর কে কোথা কবে? তবে যতদিন স্মৃতিতে এগুলো মজুদ থাকে ততদিন স্মৃতিচারণ করাই হচ্ছে লোভনীয়। তাই আজ একটু স্মৃতিচারণ করছি। হয়তো খানিকটা আমার ভালোও লাগবে, আর তোমাদেরও শুনতে ভালো লাগবে। আমরা তখন আমাদের নিজেদের সল্টলেকের ফ্ল্যাটে চলে এসেছি। ছেলেমেয়েরা স্কুলে পড়ছে, একটু বড়ও হয়েছে। গরমের দুপুর রবিবার, জোর কদমে ক্রিকেট খেলা চলছে টিভিতে। আর সবাই মশগুল, মানে বাচ্চারা আর কি! আমি লিভিং রুমে এসে ফ্রিজ থেকে রুহাবজার বোতল বার করে দু' গ্লাস শরবত বানালাম, আমার আর আমার হাজবেন্ডের জন্য। ছেলেমেয়ে বসে খেলা দেখছে, পাখাও জোরসে চলছে। আমি ওদেরকে, ওদের দিকে তাকিয়ে বললাম, কিরে তোরা শরবত খাবি? ওরা দুজনে হাতের ইশারায় না দেখালো।

মানে খেলা থেকে একটুও চোখ সরাতে চায় না। আমি বললাম, ঠিক আছে। আমি ঘরে চলে আসলাম। আমার মেয়েও আমার পেছনে পেছনে চলে আসলো, আর ছেলে ড্রয়িং রুমে রইলো। আমি ঘরে এসে বিশ্বাস করো, ঘরে এসে শরবতের গ্লাসটা টেবিলের উপর রাখতে না রাখতেই বিশাল আওয়াজ। মনে হলো ঘরটা কাঁপছে। দৌড়ে ড্রয়িং এ গিয়ে দেখি সিলিং ফ্যানটা উপর থেকে মেঝেতে পড়ে গেছে। তখনও পাখাটা নড়ছে। আর আমার ছেলে ঠক ঠক ঠক ঠক করে সোফায় শুয়ে কাঁপছে। পুরনো আমলের পাখা বেশ ভারী। আমি হতবম্ব। পাখাটা সরানোর পর দেখলাম মেঝেটা একটু বেঁকে হয়ে গেছে। মুখ দিয়ে আবার বেরোলো, ভগবান! তুমি এত দয়াময়। আজ আমাদের সবাইকে তুমি রক্ষা করলে। আজ যদি আমার বাচ্চা দুটোর কিছু হতো, কি করতাম জানিনা। পাখাটা মাথার উপর তো পড়তেই পারতো। আর আমি তো এক সেকেন্ড আগেই ওখানে ছিলাম। আমার মাথাতেও পড়তে পারতো, আমার মেয়ের মাথাতেও পড়তে পারতো। আর কি বলব, ভগবানের দয়া মানুষের উপর যে কিভাবে বর্ষিত হয়, সেটা এই ঘটনা থেকে রক্ষা পাওয়ার পর মনে পড়ে। দুই নম্বর ঘটনাটা একটু অন্যরকম। আমরা সল্টলেকে চলে আসছি। আমাদের ছেলেমেয়েরাও বড় হয়ে গেছে অনেকটাই। ওরা সব নিজে নিজের জায়গায় থাকে। ছেলে থাকে হায়দ্রাবাদে, মেয়ে থাকে বেঙ্গালুরুতে। ওদের বিয়েও হয়ে গেছে। আর আমার কর্ত্তা এই পৃথিবীতে নেই। অন্য পৃথিবীতেও চলে গেছেন। কি আর বলব? এই রকমই একটা দুপুরে কোন একটা কাজ করার জন্য বোধহয় আমি বাইরে গিয়েছিলাম। যখন ফিরছি তখন দেখলাম যে, আমাদের বাড়ির সামনে ঠিক আমাদের পাঁচিলের ঠিক পাশে, সামনের রাস্তাটা ক্রস করে সামনের ফুটপাতটাতে দু' তিনটে সবজিওয়ালা সাময়িক আর কি বসে, সকালে বসে, বিকেলে বসে বা দু' তিন ঘন্টার জন্য বসে। আর একটা মনিহারি দোকানও আছে। আর দু' তিনটে মাছওয়ালা বসে, একটা মুরগি বিক্রি করে, একটা ছেলে মাটার মাংস বিক্রি, ছোটখাটো একটা আর কি দোকান। ওই পাড়ার ক্লাস্টারের লোকজন

কেনে, ওদেরও মোটামুটি বিক্রি হয়ে যায় আর আমাদেরও একটু সুবিধা হয়। আমার মনে হলো ফ্রিজে বোধহয় মাছ নেই। একটা বুড়ো বুড়ি খুব মাছ বিক্রি করতো, বেশ ভালোই। বুড়ো বুড়ি দুটো খুব ভালো। আমি ওদের কাছে গেলাম। দেখলাম ওরা বটি টটি ধুয়ে উঠে পড়েছে খুব তাড়াতাড়ি। তখন বেশি বেলাও নয়, সম্ভবত সাড়ে এগারোটা। আমি বললাম, কি গো দাদা, মাছ সব শেষ? ওরা হাসিমুখে বলল, হ্যাঁ, দিদি, আজকে সব শেষ হয়ে গেছে। এই দেখো না, আমরা উঠে পড়ছি। ওরা উঠে পড়ছে প্রায়, আমি আর কি করব দাঁড়িয়ে থেকে? আমিও চুপ, চাপ করে বাড়ির পথে পা বাড়ালাম। আর বাড়িতে আসার ঠিক পাঁচ সাত মিনিট পরেই রাস্তায় একটা প্রচণ্ড আওয়াজ পেলাম। আর তার সাথে একগাদা লোকের হোয়া একটা আওয়াজ, বিশাল আওয়াজ! আমি ছুটে জানলায় গেলাম। জানলা দিয়ে আমাদের রাস্তাটা দেখা যায়।

গিয়ে দেখি, যেখানে আমি দাঁড়িয়ে ছিলাম ঠিক সেই জায়গাটায় একটা বিরাট গাছ, পাকুড় গাছ সম্ভবত উখড়িয়ে পড়ে গেছে। রাস্তা জ্যাম করেছে। আর ওই বুড়ো বুড়ি গুনো পাঁচিলের পাশে বসে ঠকঠক করে তখনও কাঁপছে। আমি অবাক হয়ে ভাবলাম, এ কি! কি অবস্থা? রাস্তা পুরো বন্ধ। ওই সামনের রাস্তাটা দিয়ে অনেক গাড়ি যায়। পরপর গাড়ি দাঁড়িয়ে পড়েছে। লোকজন আমাকে জানলা দিয়ে দেখে দু-একজন হাত দেখালো যে, ওগো তুমি তো এক্ষুনি এখানে ছিলে। ওই চেনা দু-একজন সবজিওয়ালা। আমি কি করব? আমি ঘরে এলাম। ঘরে এসে আমি অঝোরে কাঁদতে লাগলাম। ঠাকুরের অসীম কৃপা আমার প্রতি। আমি কাঁদলাম, অনেকক্ষণ ধরে কাঁদলাম। আমার স্বামী তো এই পৃথিবীতে তখন নেই। মধুময় পৃথিবীর ধূলিকণা হয়ে কোথায় মিশে গেছেন? ছেলেমেয়েরাও এখন আর আমার কাছে থাকে না। তাদেরও ঘর সংসার হয়ে গেছে। আমি একাই ছিলাম বাড়িতে। আমার ফ্ল্যাটের বন্ধু বান্ধবরা, লোকজনরা এলো। বললো, কি বাচান বেঁচে গেছো তুমি? আমি বললাম, হ্যাঁ, আমি এক্ষুনি এখানেই ছিলাম। আর ভগবানের অসীম করুণার কথা,

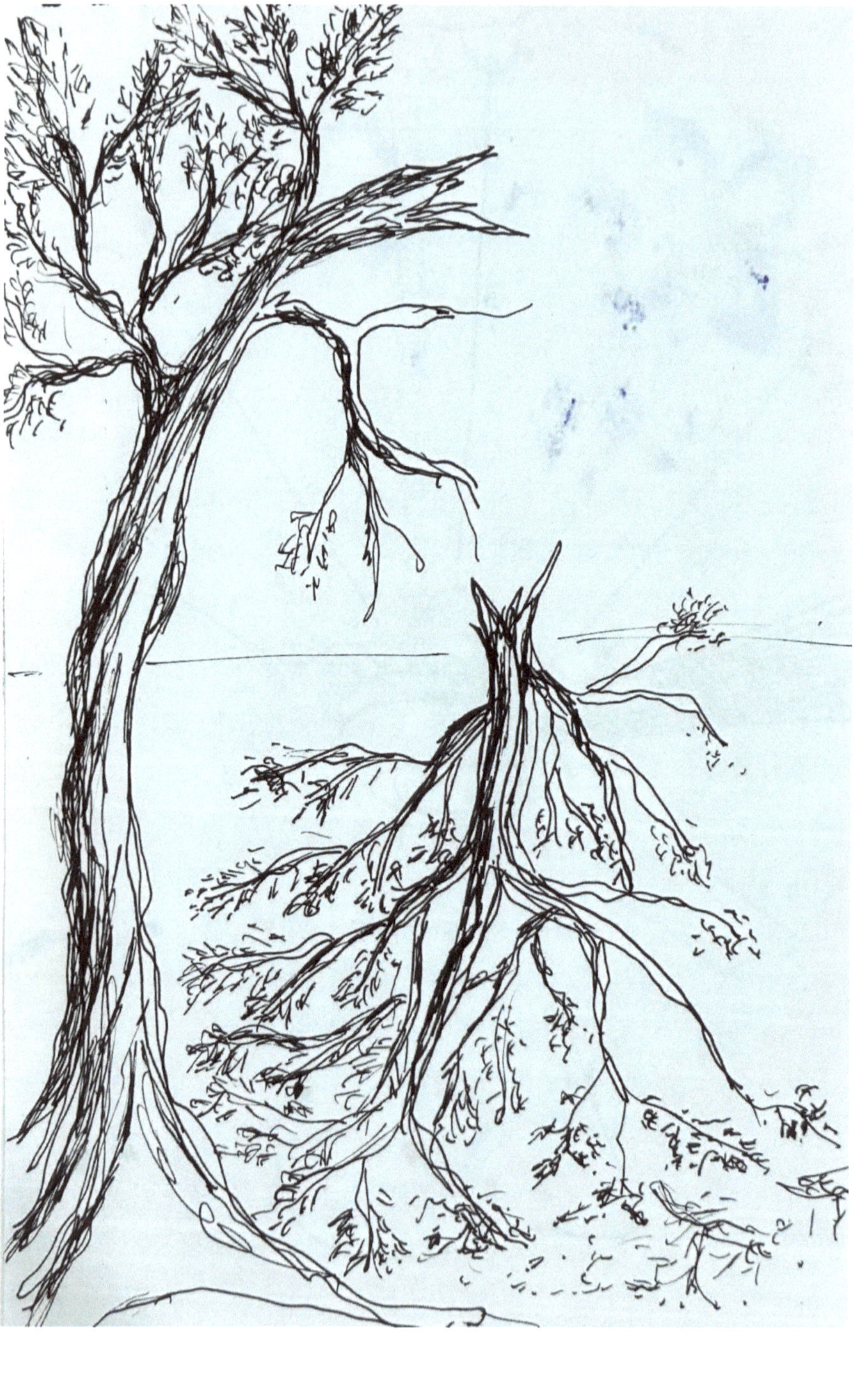

কৃপার কথা ভেবে আমি আপ্লুত হলাম। তার চরণে শত কোটি বার বার করে প্রণাম জানাতে লাগলাম। এছাড়া আর কি বা করব? যেন ভগবানকে উপলব্ধি করতে পারলাম। আর আমার স্বামীর উদ্দেশ্যে বললাম, "আমাকে আশীর্বাদ করো আমার ছেলে মেয়ে, সমস্ত সন্তান, আমার আরও যারা ক্লাস্টার পাড়া, প্রতিবেশী, বন্ধু বান্ধব সবাই আছে, সবাইকে তুমি আশীর্বাদ করো। তুমি তো চলে গেছো অনেক দূরে। আশীর্বাদ করার সুযোগ তুমি পেয়েছো। তাই সকলকে তুমি রক্ষা করো।" এবার বলি আমার তৃতীয় দুর্ঘটনার কথা। এটা খুব বেশি দিন আগের নয়। আমি তখন বেঙ্গালুরুতে থাকি মেয়ে, জামাই, আমার দুটো ছোট ছোট নাতি আছে ওদের সাথে। কি হয়েছে? একদিন আমরা ঠিক করেছি, দুপুর বেলা একটু বাইরে বাচ্চাদের নিয়ে বেরব । ওরা যেখানে থাকে সেখানে অনেকগুলো পার্ক, অনেকগুলো সুইমিংপুল সবই ছিল। দুপুরবেলা আমার মেয়ে আর আমার জামাই একটা কাজে বেরিয়েছে। আর আয়াটাকে নিয়ে আমি আমার দুটো নাতি কে নিয়ে যাবো । আমাদের খাওয়া দাওয়া হয়ে গেছে। আয়াটা বলল, "মাসিমা বাইরে যাবে, চলো।" মেয়েটা বাঙালি। বললাম, ঠিক আছে

চল, বাড়িতে বসে থেকে কি হবে? খাওয়া দাওয়া হয়ে গেছে। চল, আমরা পার্কে গিয়ে বসে বসে মজা করি। ওরাও দোলনায় চড়বে। বাড়িতে তালা লাগিয়ে বেরোচ্ছি, বেরিয়েও পড়েছি। সিঁড়ি আছে, লিফটও আছে। আর বাড়ির, বাড়িগুলো এমন যে একটা ব্লকের থেকে আরেকটা ব্লকে যাওয়ার জন্য উপর দিয়ে একটা করে ব্রিজ মতন আছে। অদ্ভুত! সে কাজের লোকরা বা মানুষরা কেউ সেই ব্রিজ দিয়ে যাতায়াত করে না। ওই ইলেকট্রিকের লোক বা মেইন্টেনেন্সের লোকজন ওই ব্রিজ দিয়ে যাতায়াত করে। এই রকম ব্রিজ। আমরা বাড়ি থেকে বেরিয়ে পড়েছি, তালাও লাগানো হয়ে গেছে। যখন বেরিয়ে এসে পড়েছি, এসে দেখি আমার পায়ে ঘরে পড়ার চপ্পলটা, হাওয়াই চপ্পলটা। আমি মেয়েটাকে বললাম যে,

"বাবা, আমার তো হাওয়াই চপ্পল পরা আছে, বাড়ির চপ্পল। তুমি একটু দাঁড়াও, আমি চটিটা ছেড়ে আসি ঘরের ভেতরে।" ও বলল, "মাসিমা, চলো কিছু হবে না।" আমি বললাম, আরে বাবা, বাড়ির চপ্পল পরে কি বাইরে যাওয়া যায়? হোক না সেটা পার্ক। এই বলে আমি চটিটা চেঞ্জ করতে গেছি। আবার তালা খুলেছি। চটিটা চেঞ্জ করছি, বিশ্বাস করবে কিনা জানিনা। তুমুল একটা আওয়াজ আর ধুলোতে সমস্ত বেলকনির সমস্ত সিঁড়ি আর লিফটের মুখটা ভর্তি হয়ে গেছে। আমি ছুটে বাইরে এসেছি। দেখি উপর থেকে ব্রিজটা পুরো তলায় পড়ে গেছে। মানে, যেখান দিয়ে আমরা পাস করতাম, ঠিক এক মিনিট আগে আমরা যেখান দিয়ে পাস করতাম, ঠিক সেই জায়গাটায়। লোহা, লক্কর, ইট, গাদায় ভর্তি হয়ে গেছে তলাটা। আমি মেয়েটাকে বলছি, "তুমি শীঘ্রই বাড়ির ভেতরে এসো। ধুলোয় ভরে গেছে। করছিস কি? তুই আয় ভেতরে শীঘ্রই বাড়িতে।" বাড়ির ভেতরে এসে আমরা ঠকঠক করে কাঁপছি।... আর ওকে বলছি, মেয়েটাকে বলছি, বলতো কি হতো আমাদের আজকে? আমরা চারজনেই আজকেই ব্রিজের তলায় চাপা পড়ে মরতাম। আর আমার নাতি দুটো, এই ছোট ছোট কচি কচি বাচ্চা দুটো। হে ভগবান! আজ কি ঘটনা ঘটত, আমি জানিনা। প্রভু, তুমি রক্ষা করো, তুমি রক্ষা করো, তুমি রক্ষা করো। মেয়েকে ফোন করলাম যে, এই ঘটনা ঘটেছে, তোমরা শীঘ্রই বাড়ি এসো। আর নিজেকে নিজে ধন্যবাদ দিতে লাগলাম যে, ভাগ্যিস চপ্পল চেঞ্জ করতে আমি এসেছিলাম। তিন চার মিনিটের ব্যবধান, জীবন আর মৃত্যুর মাঝামাঝি। ঈশ্বর, হে আমার প্রাণের দেবতা, হে আমার দয়াময়! তোমাকে আমরা সব সময় ভুলে থাকি গো। তোমার করুণা কিন্তু সব সময় বর্ষিত হচ্ছে মানুষের মাথায়। তুমি ত্রাতা, তুমি বিধাতা, তোমার ভালোবাসা থেকে বঞ্চিত যেন না হই প্রভু। ক্ষম মোরে, ক্ষম মোরে। নাতি দুটোকে জড়িয়ে ধরে কাঁদতে লাগলাম। জীবন যখন শুকায় যায়, করুণা ধারায় এসো। প্রভু আমার, প্রিয় আমার, কি অপরূপ

রূপ তোমার! তা তো বলে বোঝানোর নয়। থেকো প্রভু, চিরজীবন আমাদের মাথার উপর, তুমি আশীর্বাদ দিয়ে বর্ষিত করো আর আমাদেরকে ধন্য করো। আমরা যেন ধন্য হই তোমার আশীর্বাদ পেয়ে, এই আমার কামনা।

AHANA

টাডোবা

তিনটি গাড়ি পরপর চলেছে শীতের ভোরের অন্ধকার ভেঙে। খানিকটা পরেই আস্তে আস্তে ভোরের আলোর বিচ্ছুরণ এবং সূর্য দেবতার আগমন। ততক্ষণে আমরা ন্যাশনাল হাইওয়েতে পৌঁছে গেছি। আমরা চলেছি মহারাষ্ট্রের 'টাডোবা' নামক সংরক্ষিত বন দর্শনে। এই বনে প্রায় দুশোটি বাঘ, সম্বর, বন্য শুয়োর এবং নানা জাতের পাখি এই সমস্ত রয়েছে। মিষ্টু আমার নাতনি মনি প্রায় অ্যান্টার্কটিকার শীতবস্ত্র গায়ে দিয়ে মায়ের কোলে চুপটি করে বসে আছে। আমাদের গাড়িতে আমরা চারজন। পেছনের দুটো গাড়িতে বন্ধুরা আছে, কার গাড়ি আগে পরে জানিনা। কেউ সামনে এগিয়ে যাচ্ছে, কেউ পেছনে। পরস্পর মোবাইলে কথা হচ্ছে অনেক সময়। তাছাড়া সকলেই গুগল ম্যাপ দেখে এগোচ্ছি। আমি আরামসে পড়ে আছি আর মিষ্টুও মায়ের কোলে গা এলিয়ে। খানিকটা এগোনোর পর প্রায় দশটা নাগাদ আমরা একটা শেডের তলায় বিশ্রামের জন্য থামলাম। এখানেই ব্রেকফাস্ট করা হবে। একটা চায়ের দোকানও আছে কাছে। চা সহযোগী পরোটা, আলুর দম, স্যান্ডউইচ, মিষ্টি ইত্যাদি খাওয়া হলো। এরপর একটা ছায়া সুনিবিড় জায়গাতে একটু বিশ্রাম। গাছের তলা আর ছায়া আর বন্য শীতের হাওয়া হজমের পক্ষে বেশ ভালো। আবার শুরু হলো পথচলা। রাস্তাটা তখন পর্যন্ত ভারি চমৎকার। মাঝে মাঝে পাহাড়, কোথাও সমতল চাষবাস, কখনো তুলো, কখনো আখ, কখনো ভুট্টা। চোখ জুড়ে কেবল সবুজের মেলা। মিষ্টু মাঝে মাঝে একটু জুস খাচ্ছে, কখনো নিজের মার সেলফোনটা নিয়ে একটু এনজয় করছে। একটানা ছুটবার পর বুবুনের মনে হলো আমরা দলছুট হয়ে গেছি। কেননা বুবুন খুব একটা এবড়ো খেবড়ো রাস্তা পেয়েছে। পুনমরা আমাদের রাস্তাতেই আছে। কিন্তু কঙ্কনারা খুব ভালো একটা রাস্তাটা পেয়েছে। রাস্তার দুর্গতি একটু পরেই শেষ হলো। আর আমরাও সকলে একটু আগে

পরে তাডোবা সংরক্ষিত বনের হোটেলে পৌঁছলাম। অতি সুন্দর একটা হ্রদের পাশ কাটিয়ে ভারি সুন্দর একটা হোটেলে পৌঁছলাম। ঢুকতেই অজস্র বাঁশ গাছের ঝোপঝাড় আর ছোট্ট মন্দিরে হনুমানজির দর্শন। সকলেই খুব ক্লান্ত। আমরা চারজন আমাদের তাবুর ঘর দেখতে চললাম। বাকিরা লাঞ্চ করতে বসে গেল। মেঠো পথ দিয়ে হোটেলের কেয়ারটেকার ছেলেটি আমাদের নিয়ে চললো তাবুর ঘরে। এবার বনাঞ্চলের আসল পরিচয় পেলাম। খুব সুন্দর পরিবেশ। মেইন হোটেল থেকে তাবুর ঘরগুলো একটু ভেতরে, একদম বনের ভেতর, হোটেলের সীমানার মধ্যে। মোটামুটি পাঁচ ছটা তাবুর ঘর আছে। আমরা তিনটি পরিবার চারটে তাবুর ঘরে থাকবো। এরিয়ার মধ্যে দিয়ে চলেছি। চারিদিকে শাল গাছ, ফুলের বাগান, ছোট্ট পুকুর, তাতে শালুক ফুটে রয়েছে। এই মনোরম পরিবেশের মধ্যে হাঁটতে হাঁটতে তাবুর ঘরে পৌঁছলাম। তাবুর ঘরের একতলাটা পুরো কাঠের স্ট্রাকচার, কাঠের সিঁড়ি। দোতালার পাতাতন পুরো কাঠের। তার উপর তাবু দিয়ে ঘরগুলো তৈরি হয়েছে, বেশ মজবুত করে। ঘরের পাশে মাথা খোলা খানিকটা বারান্দা মতন, সুন্দর সোফা দিয়ে সাজানো। নিচে ক্যাম্পফায়ারেরও ব্যবস্থা আছে। ঘরের ভেতর সব রকম আধুনিক ব্যবস্থা আছে। লাগেজ রেখে হাত মুখ ধুয়ে আবার আমরা মেঠো পথ দিয়ে চললাম লাঞ্চ করতে মেইন হোটেলে। ততক্ষণে বাকি, যারা খাচ্ছিল তাদের খাওয়া অর্ধ সমাপ্ত। আমাদের খাওয়া শেষ করে আবার ঘরে ফিরে আসলাম। তারপর কম্বল চাপা দিয়ে শুয়ে পড়লাম। ছেলেমেয়েদের দলটা গেল সামনের রদের ধারে বেরিয়ে আসতে। প্রায় ঘন্টাখানেক ঘুমিয়েছি মনে হয়। ঘরেই কফি বানিয়ে খেলাম। ঘরের দরজাটা বিশাল কাঁচের, পর্দা সরালেই দেখা যায় দিগন্ত বিস্তৃত শাল গাছ আর মেঠো পথ কিন্তু জনমানবহীন। আমি বাইরে এসে বারান্দাতে বসলাম আর চেষ্টা করলাম শীতের প্রকৃতির সঙ্গে একাত্ম হতে। ঝুপ ঝুপ করে শাল পাতা পড়ছে, দৌড়ে পালাচ্ছে ছোট ছোট কাঠবেড়ালি। মাঝে মাঝে দেখছি এক ঝাঁক পাখি দিয়ে এক গাছ থেকে আরেক গাছে পালাচ্ছে। বেশ ঠান্ডা! লাল

শালটা গায়ে দিয়ে গলা পর্যন্ত ঢেকে নিলাম। পরন্ত হালকা রোদ, দূরে আর নাম না জানা পাখিদের কিচিরমিচির তাড়িয়ে তাড়িয়ে উপভোগ করতে করতে আবার ঘরে ফিরে এলাম। ঘড়িতে দেখলাম সাড়ে চারটে। কোথাও কোন শব্দ নেই, কেবল পাতা ঝরার শব্দ। সুনসান দুপুর শেষ হতে চলেছে। ওদের দলটা কখন আসবে জানি না, ফোনও তো কাজ করছে না। আবার এক রাউন্ড শুয়ে পড়লাম। তারপর গুন গুন করে একটা গান ধরলাম, খেলিছ এ বিশ্ব লয়ে বিরাট ও শিশু আনমনে। সত্যি, এত অপরূপ প্রকৃতির সৃষ্টিকর্তা, বিশ্ব স্রষ্টাকে শত কোটি প্রণাম। মানুষের জন্য তার এই উদার হস্তে দানের কথা ভাবলেই মনটা পবিত্র হয়ে যায়। মনে পড়লো আরেকজন আগে, কতদিন দেখিনি তোমায়। বুকের ব্যথাটা বুঝি মাঝে মাঝেই মোচড় জানায়। খানিকটা বেদনা, খানিকটা শীতের অপরাহ্নের নিঃসঙ্গতায় আমি আবেগ তারিত হয়ে পড়লাম।... সেই সময়ে বাইরের কাঁচের দরজায় কে যেন একটা অজানা শব্দে ঠকঠক করল। বিছানা থেকে উঠে সে পর্দা সরিয়ে কাউকেই দেখতে পেলাম না। শুধু দেখলাম বেলা পড়ে এসেছে আর একদল ছোট্ট ছোট্ট পাখি দরজার সামনে খেলা করছে। ভীষণ ভালো লাগল। গোধূলি বেলার অপরাহ্নের বিকেল, আলস্য আর আরামে ভরপুর। আবার গিয়ে শুয়ে পড়লাম। আস্তে করে টিভিটা চালিয়ে দিলাম যাতে ঘরটা গমগম করে। আবার দরজায় ঠকঠক শব্দ! এবার বেশ জোরে। কি করি আমি? ঘরের দরজা ভেতর থেকে বন্ধ আছে, চট করে কেউ ঢুকতে পারবে না। কিন্তু দারুণ ভয় করতে লাগলো। সাহসে ভর দিয়ে পর্দাটা সরানো মাত্রই দেখতে পেলাম, ছোট্ট ছোট্ট সেই পাখিগুলো দলবদ্ধভাবে কাঁচের দরজাটা ঠোকরাচ্ছে। বাইরেটা সুনসান, প্রায় অন্ধকার। হাওয়ায় শন শন শব্দ। পাখিগুলো আমাকে দেখে ভয়ও পেল না, পালালো না। আমার গায়ে কাঁটা দিয়ে উঠলো। হঠাৎই মনে পড়লো হিচককের বার্ড সিনেমাটা। ভগবান! আর সেই মুহূর্তে দূরে দেখলাম আমাদের ছেলেমেয়েদের দলটা আর সকলের সমবেত চিৎকার। ওহ ঠাকুর, তুমি আছো। নীলাঞ্জনা ঘরের কাছে এসে

বলল, নেমে এসো, এখন কাম খায়ার হবে। আমি আর নামলাম না। বললাম, তোরা যখন খেতে যাবি তখন ডাকিস, আমি টিভি দেখছি। রাত্রে খুব কমই খেলাম, রুটি, চিকেন স্টু, স্যালাড। সকালে গোলাপ জামুন ছিল, এখন সুইট ডিশ শাহী । পুরো দলটা একসঙ্গে শীতের হাওয়ায় লাগলো নাচন। আমলকির ওই ডালে ডালে গাইতে গাইতে তাবুর ঘরে আমরা ফিরে এলাম। আগামীকাল সকাল সাড়ে চারটের মধ্যে আমরা বেরিয়ে পড়ব ফরেস্টে বাঘ দর্শন। ঘরে এসে চাবি লাগিয়ে জিনিসপত্র গুছিয়ে রাখলাম। ভোর চারটের সময় বুবুন ডাকলো ইন্টারকমে, মা রেডি? বললাম, হচ্ছি। সত্যি বলতে কি, সারারাত ভালো করে ঘুম হয়নি। দূরে প্রচণ্ড জোরে সারারাত মাইক বেজেছে। তারপর অজানা নানা রকম শব্দ, হয়তো পাতা ঝরার। যাই হোক, পুরো সাইবেরিয়ান ড্রেস পরে সকলের সাথে নিচে নেমে এলাম। আধা ঘুমন্ত আমার নাতনি মনিও মায়ের কোলে ফিকফিক করে হাসছে। ওর গায়ে এস্কিমোদের মতো ড্রেস পরা। মেঠো পথ পরিয়ে এসে হোটেলের মেইন গেটে আমরা পৌঁছলাম। দেখি আমাদের দলটাও সদলবলে এসে গেছে। বাপরে! কি ঠান্ডা! একই পাহাড়ী জায়গা, এপার ওপার দেখা যায় না একটা বড় হ্রদ। সাফারি গাড়ির তরফ থেকে আমাদেরকে কম্বল দেয়া হলো। গাড়িতে উঠে পা পর্যন্ত কম্বলে ঢেকে নিলাম। আমি, নীলাঞ্জনা, নীলাঞ্জনার কোলে মিষ্টু, বুবুন পেছনের সিটে। তিনটে গাড়ি তাণ্ডব নৃত্য করতে করতে ছুটে চললো। অন্ধকারাচ্ছন্ন বন্য ফাঁকা রাস্তা। কি ভীষণ জোরে সাফারি ছুটে চলেছে তারোবার মেইন গেট ধরবার জন্যে। মেইন গেটে অনেক মানুষজন, অনেকগুলো সাফারি একসঙ্গে দাঁড়িয়ে ওখানে কর্তৃপক্ষ আমাদের ফোনগুলো নিয়ে নিলো, আর আমাদের কাছ থেকে নিলো আমাদের আইডি কার্ড। তখনও ভোরের আলো ফোটেনি। টর্চের আলোয় আলোকিত হয়ে আমরা এক একটা সাফারি যোদ্ধার দল কম্বলে মুড়ি চাপা দিয়ে প্রচ্ছন্ন গভীর বনে প্রবেশ করলাম। সবাই যে যার মতন বনের রাস্তা খুঁজে নিয়েছে। প্রত্যেকটা সাফারি গাড়িতে একজন গাইড যাচ্ছে। ড্রাইভারও ভালো চালাতে

জানে এসব রাস্তায়। রোজ কতজনকে নিয়ে যাচ্ছে! মিষ্টু রানি একটু একটু করে ঘুম কাটাচ্ছে, আলস্য ভাঙাচ্ছে, আর আমি দুর্গা নাম জপ করছি। কত রকমের বাঁশ, ঝাড়, কত কাঁটা, ঝোপ অতিক্রম করে গাড়ি ছুটে চলেছে নবউদ্যমে। একটা উঁচু নিচু কাঁদা রাস্তা দিয়ে নিয়ে আমরা প্রথমেই অপূর্ব একটা জলাশয়ের ধারে এসে পৌঁছলাম। আর তখনই মনটা ভরে গেল। ভোরের আলো ফুটে গেছে। জলাশয়ে প্রভাত সূর্যের লালচে সোনালী আলো, চারিদিক আলোয় আলোময়। জলাশয়ে অনেকগুলো হাঁস, একটা ডিঙি নৌকাও আছে। গাইড বলল, "এখানে পশুরা নাকি জল খেতে আসে, এমনকি বাঘও।" অনেকগুলো সাফারি দল যে যার মতন পাশ কাটিয়ে চলে যাচ্ছে। মাঝে মাঝে ইশারায় কথা হচ্ছে, "কি ভাই? কিছু কি দেখেছেন?" ইশারায়, "না।" মাঝে মাঝে গাইড, গাড়ি থামিয়ে মাটি পরীক্ষা করছে, কাঁদার মধ্যে দেখতে চেষ্টা করছে বাঘের পায়ের ছাপ, কানে শুনতে চেষ্টা করছে মৃদু গর্জন অথবা ঘ্রাণ নিচ্ছে বিষ্ঠার। আমাদের কোন হেলদোল নেই। যা হচ্ছে হোক, বন্য প্রকৃতিকে ভোরের আলোয় দু'চোখ ভরে দেখছি। হঠাৎই একটা বিরাট সম্বর দেখা গেল। সবাই চেঁচাচ্ছে, ওই যায়, ওই যায়, ওই যায়। আর সম্বরটা ভয় পেয়ে পালিয়ে গেল। কি জোরে যে ড্রাইভারটা গাড়ি চালাচ্ছে বলে বোঝাতে পারব না। আজই শেষ দিন, বাঘের পেটে না হলে গাড়ি চাপা পড়ে মৃত্যু। ঘুরে ফিরে সেই গভীর জলাশয়ের ধারে এসে পড়লাম। দেখা গেল পাঁচ ছটা সাফারি অপেক্ষা করছে। কারো মুখে কথা নেই। সবার ভাবখানায় বাঘের মুখে ঢুকি ক্ষতি নেই, তবে শেষ দেখা যেন হয় ডোরাকাটার সঙ্গে।... অবশেষে, অবশেষে, অবশেষে তিনি দেখা দিলেন সপরিবারে। ওই যে, ওই যে, ওই যে প্রথমে ডোরাকাটার বাচ্চা দুটো, তারপর ও মাগো বিরাট বাঘ! লেজটাই পাঁচ ফুট হবে। এর থেকে কমাতে আমি পারবো না। বুবুন তো ছবি তুলতে গিয়ে বাঘের মুখে পড়ে আর কি! নীলাঞ্জনারও ভাবখানা এমন, বাঘের সঙ্গে একটা ছবি তুলতে পারলে মন্দ হতো না। কি আর করা যাবে? সব আশা তো একসঙ্গে

পূরণ হয় না। মিষ্টুর জ্যান্ত বাঘ দেখে উত্তেজনা আত্মহারা। আমার কথা ছেড়ে দিলাম। মিষ্টুর হাততালিতে চমক ভাঙলো আমাদের সকলের। আরে, ওই তো আমাদের দল। এই প্রথম ওদের দেখা পেলাম জঙ্গলে। মিষ্টু বাবুদিকে দেখতে পেয়ে উত্তেজনায় চিৎকার করছে। আমরা ইশারায় ওদেরকে তিনটে আঙুল দেখালাম। ওরা উত্তেজিত। এখনো দেখা মেলেনি বাঘের। অনেকক্ষণ পর ওরা ফিরে এলো। বললো, ওরাও নাকি দেখা পেয়েছে বাঘের। আমাদের খুব ভালো লাগলো। যাক, এক যাত্রায় পৃথক ফল হলো না। এরপর দুপুরে খেয়ে বেয়ে বিশ্রাম। আমরা তাবুর ঘর ছেড়ে মেইন হোটেলে চলে এলাম সবাই। সন্ধ্যেবেলা সদলবলে আড্ডা হলো। আগামীকাল ফিরে যাবো স্বস্থানে সকলে। ভোরবেলা উঠে প্রচুর ছবি তুললাম। সবাই রেডি। শুধু বাঘের গল্প, যেন বাঘময় জীবন। ফেরার গল্প সংক্ষিপ্ত। একবার ব্রেক, লাঞ্চে স্যান্ডউইচ, বিকেলের দিকে কফি ও পকোড়া, খাবার জন্য একটা ধাবাতে থামা হলো। মিষ্টু একটু দোলনাও চড়ে নিল। সুদীর্ঘ পথ রিং রোড দিয়ে হায়দ্রাবাদে বাড়ি ফেরা। ক্লান্ত, অবসন্ন শরীর কিন্তু মনটা তাজা। সেটা ভরিয়ে দিয়েছে প্রকৃতি আর সবুজের সমারোহ। তখনই মনে পড়লো কবিগুরুর কথাটা, "বন্যেরা বনে সুন্দর, যেমন শিশুরা মাতৃক্রোরে।"

পুরাতন ভৃত্য

আজ আমি এমন এক মানুষকে নিয়ে একটু স্মৃতিচারণ করব, যে ধরতে গেলে হয়তো অকিঞ্চিতকর কিন্তু নিজের ব্যক্তিত্বে বৈশিষ্ট্যপূর্ণ। সে ছিল আমাদের বাড়ির এক নগণ্য সদস্য। নগণ্য না বলে অগ্রগণ্য বলাই ভালো। সে ছিল আমাদের অতি প্রয়োজনীয় মহাদেব মামু। মহাদেব মামু ছিল আমাদের পুরাতন ভৃত্য। কত পুরনো? অনেক অনেক, বলা যায় আজন্মকালের। মাথায় টাক বেটে মানুষটার ব্যক্তিত্বকে আমরা যমের মত ভয় পেতাম। ভালো মুখে কোনদিন আমাদের সঙ্গে কথা বলত না। সব সময় বকাঝকা, নিজের তিরিক্ষে মেজাজের দ্বারা বাচ্চা বয়সে আমাদের তথস্থ করে রাখত। আমার জ্ঞান হবার পর আমি যখন মামুকে দেখেছি, তখন হয়তো মামুর বয়স পঞ্চান্ন ষাট হবে। কেননা, মাকে মামু সম্বোধন করত বড়দি আর তুই বলে। আর বাবাকে বলত যোদ্দা। আমার মেজো মাসি, যাকে আমরা ভীষণ ভয় পেতাম তাকেও মামু বড় খুকি আর তুই বলত। আমাদের মামাবাড়ি আমাদের পাশের বাড়ির গলিতে। আসলে মামু প্রথমে ছিল আমার দাদা মশাইয়ের হাই ফরমাস খাটনেওয়ালা। দাদু স্বর্গে যাওয়ার পর মামুকে বাবা আমাদের বাড়িতে নিয়ে আসেন। বাবাকে অনেক সময় কাজের জন্য বাড়ির বাইরে থাকতে হতো। সেই সময় মামু বাবার সঙ্গে সঙ্গে থাকত। বাইরে থাকার সময় বাবা সপাক খেতেন, তখন মামু বাবাকে রান্নার কাজে সাহায্য করত। যেমন চাল ধুয়ে দেওয়া, মাছ সবজি কেটে ধুয়ে দেওয়া ইত্যাদি। মাও খুব নিশ্চিন্ত থাকতেন মামু বাবার সঙ্গে থাকলে। এই মহাদেব মামুকে বাবা ইংরেজি, অঙ্ক, বাংলা, হিন্দি সব রকম ভাষা, ব্যাকরণ সব শিখিয়েছিলেন, যার কোন তুলনা ছিল না। হাতের লেখাও ছিল মামুর মুক্তাক্ষর। অংকের হিসেব এমন ভালো জানত যে, বাবার ব্যবসার সবকিছু থাকত তার নখদর্পণে। অথচ প্রথম অবস্থায় ক লিখতেও জানত না। এখানে সব ক্রেডিট যাবে বাবার

কাছে। মামুর বাড়ি ছিল মালদা জেলার অন্তর্গত নজিরপুর নামক গ্রামে। গ্রামটা সম্ভবত বিহার বর্ডার। মামুর বউ মানে আমাদের মামিকে একবারই মাত্র দেখেছি। সে সামনে আঁচল টেনে শাড়ি পরত। সে ছিল খুব গম্ভীর, শান্ত, একদম মামুর বিপরীত গ্রহের মানুষ। আর স্বভাব ছিল খুব মিষ্টি। এত সব আমি জানলাম কি করে? বলি, একবার বাবার কি খেয়াল হল, মাকে আমাকে কয়েকদিনের জন্য নিয়ে মামুর বাড়িতে বেড়াতে নজিরপুরে গেলেন। সঙ্গে মামুও ছিল, আর ওদের বাড়িতে খবরও দেওয়া ছিল। আমি তখন বেশ ছোট, মনে হয় ক্লাস ফোরে পড়তাম। সেটা ছিল শীতকাল। আমরা বাসে করে গাজোলে নেমে ঘোড়ার গাড়ি করে মামুদের বাড়িতে পৌঁছেছিলাম। গ্রামটা দরিদ্র গ্রাম নয়। কেননা অনেকগুলো গ্রামের বাচ্চা আমাদের স্বাগতম জানিয়েছিল, যাদের গায়ে ছিল শীতবস্ত্র আর রঙিন চাদর। বাবা টাকা পয়সা দিয়ে মামুকে এই বাড়ি তৈরির ব্যাপারে খুব সাহায্য করেছিলেন। তাই বাবা এবং মার উপর মামুর কৃতজ্ঞতা ছিল। আমরা যখন মামুর বাড়ি পৌঁছেছিলাম, তখন মামু-- মামি আমাদের হাত ধরে খুবই আদর করে বাঁশের চ্যাঁচাড়ির গেট খুলে বাড়ির ভেতর নিয়ে গিয়েছিল। বিশাল বড় উঠান, চারপাশ সত্যি নানারকম ফুল আর সবজির গাছ। গাঁদাফুল, তারাফুল, সন্ধ্যামণি, তগর, শিউলি কি ফুল নেই! লাউ গাছে লাউ, বেগুন গাছে বেগুন, পেপে গাছও আছে, সূর্যমুখী লঙ্কার গাছও আছে। মামি বাবাকে আর মাকে প্রণাম করল, তারপর মামুর ছেলেমেয়েরা। মা মামুর বাড়ি দেখে মুগ্ধ, 'কি করেছিস রে মহাদেবা! এ তো বাড়ি নয়, এটা স্বর্গরাজ্য রে'। একটা ছোট্ট বেড়াল ছিল, আমি তার পেছনে ছুটলাম। টাটকা সবজি দিয়ে দুপুরে মা ছোট ছোট মাছের ঝোল বানাল। কি ভালো খেলাম! আমাদের জন্য যে ঘরটা বরাদ্দ ছিল সেটা মাটির অপূর্ব নিখোনো একটা ঘর। দেওয়ালে নানারকম আলপনা দেওয়া গিরিমাটি দিয়ে। একটা কুলুঙ্গিও আছে। খাট বলতে চারটে বাঁশের খুঁটি, তার উপর বাঁশের চ্যাঁচাড়ি দিয়ে খাট তৈরি করা। কি অপূর্ব শিল্প! বিছানাপত্র তো আমরা নিয়েই গিয়েছিলাম সঙ্গে করে।

রাত্রে কুলুঙ্গিতে রেড়ির তেলের মিটমিটে প্রদীপের আলোয় অসাধারণ ঘুম। পরদিন আমারই বয়সী মামুর মেয়ে বাসন্তি নিয়ে গেল টোপাকুলের বাগানে। মাঠের ভেতর কত কুলের গাছ, অজস্র পাকা কুল পড়ে আছে মাটিতে। কোঁচড় ভরে কুড়িয়ে নিলাম। মাঠের একটা কোণে একটা জায়গাতে অনেক আখের রস, একটা বিরাট উনুনে কতগুলো লোক জ্বাল দিয়ে গুড় তৈরি করছিল। লোকগুলো আমাদের দেখে অনেক আঁখ দিল। সব বাড়িতে নিয়ে এলাম, আনন্দে মাতোয়ারা। বাবা বিকেলে বেড়াতে নিয়ে গেলেন। একটু হাঁটতে হলো, অনেক দূরে দেখা গেল পাহাড়। বাবা বললেন, ওটা রাজমহল। গঙ্গা নদীর নীল রেখাও দেখা গেল। কত যে ভালো লাগলো! ছোট্ট বয়সটা যেন ভরিয়ে দিলেন ভগবান। দূর্গাপূজার সময়টা ছোটবেলায় আমার জীবনের শ্রেষ্ঠ সময় মনে হতো।...ভাই বোন সবার ছোট ছিলাম বলে প্রচুর জামা পেতাম। দাদা দিদিরা ছুটিতে সব হোস্টেল থেকে বাড়িতে আসত, আর সেই সময় মামুর একটা বিরাট প্রতিপত্তি থাকত। কারণ বাড়িতে যত নাড়ু, মুরকি সব মামু বানাবে। এত এত নারকেল কুঁড়িয়ে নারকেল

নাড়ু, ঝুরি ভেজে ঝুরির নাড়ু, তিলের নাড়ু, নানা রকমের মুরকি সবকিছু মামু বানাবে। আর এই বানানোর জন্য মামুর বিরাট হাত জস ছিল। আমাদের বাড়িতে দুর্গা পুজো হতো, বাবা চন্ডীপাঠ করতেন আর নিজে পুজো করতেন। আমাদের পারিবারিক এই দুর্গা পুজো প্রায় পাঁচশো বছরের পুরনো। তো, আমাদের বাড়িতে অনেক পুরোণো বাসন ছিল। সেগুলো কাঁসা অথবা পেতলের। পুজোয় বড় কাঠের সিন্দুক থেকে বাসন বার করত মামু, আর তেঁতুল দিয়ে মামুই মাজত। অন্য কারো হাতের মাজা মার পছন্দ হতো না। মামুকে মা বলত, “মহাদেব নিরামিষ বড় বড় তোলা উনুনগুলো ভালো করে গোবর মাটি দিয়ে নিকিয়ে রাখনা ভাই। আর কিছু কড়াই ডালের বড়ি বানিয়ে দে, মসলাগুলো ঝেড়ে বেছে বয়ামে ভরে রাখ। তুই ছাড়া কারোর হাতের কাজ আমার পছন্দ হয় না”। মা ওই উনুনে দুর্গা ঠাকুরের ভোগ রান্না করতেন। সব কাজে

মামুটা, প্রতিটি কাজ ছিল নিখুঁত। চা যখন বানাতো, সেই চায়ের নাকি অমৃতের স্বাদ! তবে আমি ওভারটিম যেতাম বলে, ওই অনবদ্য চায়ের স্বাদ অন্যের মুখে শুনে আস্বাদন করতাম। আমার বলবারই উপায় ছিল না, মামু একটু চা দেবে গো। আমার দাদারা আর দিদিরা পর্যন্ত মামুকে ভয় পেত, এতটাই ছিল তার ব্যক্তিত্ব। আমি বড় হয়েছি, দাদারা ব্যবসা, চাকরি ইত্যাদি করে, দিদিরা চাকরি করে। সকলকেই মামু একসময় বাচ্চা দেখেছে। কিন্তু মহাদেব মামু কখনো আমার দাদা দিদিদের কাছে হাত পাতে নি। একমাত্র আমার বাবা অথবা মার কাছ থেকেই দরকার পড়লে টাকা চাইত অথবা নিজের আর্থিক অবস্থা কথা আলোচনা করত। এই রকমের ব্যক্তিত্বপূর্ণ মানুষ ছিল আমাদের পুরাতন ভৃত্য, যাকে আমরা কোনদিনই বাড়ির আত্মীয় ছাড়া কিছুই ভাবিনি। বাবা–মা কতদিন আগে পৃথিবী থেকে স্বর্গে চলে গেছেন, মামুও কতকাল আগে। ঠাকুমা হয়েছি, দিদিমা হয়েছি। কিন্তু সেই বৃদ্ধ মানুষটি আজও আমার স্মৃতিতে অমলিন। কেন? কারণ সে ছিল এক জাত শিল্পী। তার প্রতিটি নিখুঁত কাজের জন্য আর তার বিশ্বস্ততা এবং ব্যক্তিত্বের জন্য।

গম্ভীরা

মালদহের ঐতিহ্য গম্ভীরা গান। মালদহ শহরের ভিতর দিয়ে বয়ে যাচ্ছে পাহাড়ি খরস্রোতা নদী মহানন্দা। শহরের থেকে বারো-চৌদ্দ মাইল দূরে গৌড়ের ধ্বংসাবশেষ আজও আছে। গৌড় ছিল একসময় বাংলার রাজধানী। গৌড়ে রামকেলি মহোৎসবে মহাপ্রভু শ্রী শ্রী চৈতন্যদেবের আগমন ঘটে। আজও তার পবিত্র, পরম পবিত্র পদচিহ্ন অক্ষত এবং সুরক্ষিত আছে, রামকেলিতে। মানে গৌড়ের কাছে যে রামকেলি উৎসব হয় সেইখানে। রামকেলি উৎসব আজও পালিত হয় মহাসমারোহে। সেখানে অগণিত বৈষ্ণব ভক্ত সেই উৎসবে যোগদান করেন এবং সেই উৎসব ভক্তিভরে পালন করেন। মালদহ শহরের মাত্র কমাইল দূরত্বে অবস্থিত আদিনা মসজিদ অনেক ইতিহাসের সাক্ষী বহন করছে। ইংলিশ বাজারের এক পুরাতন পাড়া মগদুমপুর। এখানে মগদুম সাহেব নামে একজন পবিত্র পীর সাহেব বাস করতেন, অনেক কাল আগে। উনার নামানুসারে মগদুমপুর নামকরণ। বহু প্রাচীনত্বের ছাপ এই মগদুমপুর পাড়া পাড়াটিতে আজও বিদ্যমান। মালদহের গ্রাম্য সংস্কৃতির আরেকটি জ্বলন্ত উদাহরণ গম্ভীরা গান। যদিও এই গম্ভীরা গান আজ হয়তো অবলুপ্তির পথে। বাংলার লোক সংস্কৃতির চরক পুজোর সঙ্গে এবং পুরুলিয়ার ছৌ নৃত্যের সঙ্গে এর অনেক মিল আছে। কারণ এখানেও ছৌ নৃত্যের মতন নানা রকম মুখোশ পরে নৃত্যগীত হয়। গম্ভীরা গানের এটি একটি প্রথম দিনের অঙ্গ। এছাড়াও 'আলকাপ' সেটাও গ্রাম্য সংস্কৃতি সেটাও হয়। এই আলকাপ জিনিসটি সঙ্গীতের মাধ্যমে নানা ঘটনা, পুরনো নানা কাহিনী, সদ্য রাজনীতি এবং গ্রাম বাংলার নানা রকম অভাব অভিযোগ নিয়ে এই গান রচিত হয়। এই গানও খুবই জনপ্রিয়। বিশেষত মুর্শিদাবাদ এবং মালদহে এর এখনও প্রচলন আছে। আজ এই গম্ভীরা গান নিয়ে আমি কিছু বলব। আমাদের পাড়া হচ্ছে মগদুমপুরে। আর আমাদের বাড়ির ঠিক পাশেই এই গম্ভীরা

গান হতো, অর্থাৎ সামনের গলিটাতে। সেখানে একটা ছোট্ট শিব মন্দির ছিল। তার পাশেই আছে বিরাট ভগবতী মন্দির, অর্থাৎ মা দুর্গার মন্দির। তো প্রথম দিন চৈত্র সংক্রান্তির দিন এই শিব মন্দিরে শিব আসবেন। শিবের পুজো হবে। মানে গম্ভীরা এবার শুরু হল। সন্ধ্যের মুখে পাড়ার কজন ছেলে ভালো ভালো জামা কাপড় পরে শিবের সামনে মশাল জ্বেলে নৃত্য পরিবেশন করবে। তারা সারাদিন উপোস দিয়ে থাকবে এবং যে কদিন গম্ভীরা হবে তারা নিরামিষ খাবে। যেদিনকে প্রথম পুজোটা শুরু হতো, প্রথম পুজো মানে যেদিনকে চৈত্র সংক্রান্তি, সেদিন তারা নাচতো সেদিনকের কথাই আমি বলছি। তো তাদের পেটের মধ্যে অনেক সময় কি করা হতো? একটা শলাকার অগ্রভাগ ঢুকিয়ে দেওয়া হতো। আর তার সামনেটা শলাকার যে সামনের অংশ, সেখানে পুরনো কাপড় পেঁচিয়ে পেঁচিয়ে পেঁচিয়ে একটা দলা মতন তৈরি করে সেখানে আগুন ধরিয়ে দেওয়া হতো। আর ঢাক আর কাঁসোরের তালে তালে তারা নাচ করত। আর নেচে নেচে প্রথমে তারা শিবের সামনে নাচবে, তারপর তারা পাড়ায় পাড়ায় নেচে অনেক সময় সে কোন কোন বাড়ি থেকে তারা টাকাও নিত, এরকমই দেখেছি। পরদিন নানা রকম নাচ হতো, নানা রকম নাচ। যেমন রাধা কৃষ্ণ নাচ, বর বউ নাচ, ঘোড়ার একটা পিচবোর্ড দিয়ে বডি তৈরি করে তার ভেতরে বাচ্চারা ঢুকে ঘোড়া নৃত্য, কাঁধে গামছা ফেলে একটা ভাঙা কাঁচের বোতল নিয়ে আরেকটা ছিল সেটা হচ্ছে মাতাল নৃত্য। যাই হোক, তো সেগুলো দেখতাম বসে বসে। আর আরেকটা খুবই ভালো লাগত যেটা, সেটা হচ্ছে কালী নৃত্য। কালী মার মুখোশ পরে এই নাচটা তারা নাচতো। এই নাচটা নাচবার আগে তাদের মাথা এবং মুখের সামনে দিয়ে একটা পাগড়ি মতন পরিয়ে দেওয়া হতো। আর সেই পাগড়ির সঙ্গে টাইট করে বেঁধে দেওয়া হতো মুখোশ। চোখের সামনে দুটো ফোঁকর থাকতো আর নাকে একটা ফোঁকর, নাকে দুটো ফোঁকর থাকতো। তারা মোটামুটি অনেক কিছুই দেখতে পেত। আর আমরা ভাবতাম যে তারা কিছুই দেখতে পাচ্ছে না। জিভও বের করা থাকতো,

তাদের পোশাকটা হতো লাল টকটকে। এটা ভোরের দিকে হতো। দিদিদের হাত ধরে, মামাতো ভাই বোনের হাত ধরে আমরা ভোরবেলা গিয়ে এই নাচ দেখতাম। বাড়ির দরজা গম্ভীরা নাচের দিন মোটামুটি খোলাই থাকতো সারারাত। আর পাশেই তো বিরাট আওয়াজ! তেমন ঢাক বাজছে, তেমন কাঁসর ঘন্টা, তেমন ঢোল আর তেমন লোকে লোকারণ্য।... হাজার লোকের চিৎকার। মানে, আমাদের পাড়া জুড়ে গম্ভীরা উৎসব। এবার কি হচ্ছে এই নাচগুলো তখন ভীষণ জনপ্রিয় ছিল। আরেক রকম গম্ভীরা ছিল, সেটা হচ্ছে রাজনৈতিক বিষয় নিয়ে গম্ভীরা। দেশের নানা সমস্যা, মানে পলিটিক্সের যেমন দল আছে, এরা একেকটা দলে নিজেরা যে দল সমর্থন করত, সেই দল নিয়ে তারা পলিটিক্স করত এবং গানগুলো সেই দলের উপযোগী করেই তৈরি করত এবং পরিবেশন করতে। অনেকগুলো দলের মধ্যে একটা ছিল মটরার দল, একটা ছিল বিশুয়ার দল, একটা ছিল হাবুয়ার দল। এরা ছিল ভীষণ জনপ্রিয় গায়ক এবং নৃত্য পারদর্শী নৃত্য বিশারদ। এরা যখন আসরে নাপতো, তখন এদের জামার উপরে বা ফতুয়ার উপরে থাকতো একটা জ্যাকেট এবং এই জ্যাকেটটা পুরো মেডেলে ভর্তি থাকতো। আর মাথার উপরে, হাতে, পায়ে নানা জায়গায় নানারকম লাল, নীল এসব ফিতে বাঁধা থাকতো। তো দৌড়ে দৌড়ে আসতো শিবের কাছে দৌড়ে এরা প্রথমেই যেত। নানা হে, নানা হে, নানা হে বলে চিৎকার করতো। নানারকম, সুর দিয়ে গান গাইত। খুব স্যাটার থাকতো গানগুলোর ভেতরে। আমি তো অত তখন বুঝতে পারতাম না। আমার দাদা দিদিরা বলত। এরপরে আলকাপ দেখতাম। আলকাপটা অদ্ভুত। সেটা খুবই মজাদার।

এদের সঙ্গে বাদ্যবাজনা থাকত, হারমোনিয়াম, তবলা, বেহালা, বাঁশি, খঞ্জনি এসব দেখতাম। খুব বা বাজনা টাজনা বাজিয়ে একটা হৈ হৈ ব্যাপার নিয়ে এরা করত জিনিসটা। তো খুবই মজাদার হতো ব্যাপারগুলো। এইটুকুই দেখেছি, এইটুকুই আমার মনে আছে। আর খুব একটা কিছু মনে নেই। তারপর একসময় এই গম্ভীরা উৎসব শেষ হতো। শিব ঠাকুরের

কাছে পায়েস ভোগ দেওয়া হতো। পাড়ার ছোটদের সাথে আমরাও সেই অমৃতময় পায়েসের স্বাদ আস্বাদন করতাম। উৎসব শেষে মন খারাপ হয়ে যেত। আবার সেই স্কুল, আবার সেই পড়াশোনা, আবার সেই একই জীবন। কিন্তু শেষ তো একদিন হবেই, কিছু তো করার নেই। তাই এই গম্ভীরা নিয়ে অনেক বিদেষজন অনেক আলোচনা করেছেন, লেখালেখি করেছেন। অনেক বড় বড় বই আছে এর উপরে। তবে আমার এ ব্যাপারে খুব একটা কিছু পড়াশোনা নেই। এ ত্রুটি সম্পূর্ণ আমার। সেই ছোটবেলায় যা দেখেছি, আমাদের পাড়াতে আনন্দের যে স্বাদ পেয়েছি, তাই আজ সকলের সঙ্গে মিলেমিশে বলে কয়ে উপভোগ করলাম। এ আমার একান্ত স্মৃতিচারণ, আনন্দময় স্মৃতিচারণ।

Antareep

বড়দিন

আমাদের ছোটবেলার টুয়েন্টি ফিফথ ডিসেম্বর। কিরকম ছিল সেটা তোমাদের আজ বলব। সত্যি কথাই বলছি ভাই, ডিসেম্বর মাসের ফাইনাল পরীক্ষাগুলো শেষ হবার পর থেকেই মনটা ভীষণ ভারাক্রান্ত থাকত। তার কারণ কি জানো? পরীক্ষাগুলো যে তেমন ভালো হতো না, খুব ভালো করেই সেটা বুঝতাম। ও বাবা গো! অংকে তো তো ডাহা ফেল করব, ইংরেজিও তথৈবচ। অন্য পরীক্ষাগুলো একরকম পাস করে যাব, কিন্তু অঙ্ক তো কানের কাছ দিয়ে আমার গুলি বেরিয়ে যায়। যদি এ বছর পাস নম্বর না পাই, হে মা সরস্বতী! এবারের মত রক্ষা করো মা, রক্ষা করো। আমার দাদা দিদিরা পড়াশোনায় খুব ভালো। কিন্তু আমায় কেউ যে ছোটবেলায় নিয়ে পড়াতে বসতো সেটা আমার মনে পড়ে না। নিজেরা পড়াবেও না, অথচ আমি পরীক্ষা দিয়ে স্কুল থেকে ফেরার পর কোশ্চেন পেপার নিয়ে এমন হুলুস্থুলু কাণ্ড করবে যে সে কথা আর বলার নয়। তখন আবার আরেকটা পরীক্ষা দেওয়ার পালা। বাবা চিৎকার করে প্রাণে বাঁচাতেন, ওরে ওরা ওরে তোরা ওকে ছাড় রে বাবা ছাড়, এখন ওকে ভালো করে একটু খেতে দে। তখন হয়তো ওদের হাত থেকে ছাড়া পেতাম। মা কিন্তু সব বুঝে ফেলত, মাকে ফাঁকি দেওয়া না খুব মুশকিল, তাই না? তোমরা কি বলছ? বাবা একটা কথা প্রায়ই মনে করিয়ে দিতেন সেটা হচ্ছে, রিমেম্বার, রিমেম্বার টুয়েন্টি সিক্স ডিসেম্বর। অর্থাৎ টুয়েন্টি সিক্সথ ডিসেম্বরে স্কুলের রেজাল্টগুলো তখন বেরোত। টুয়েন্টি ফিফথ রাতে ঘুমই হতো না, পরদিনই তো রেজাল্ট। হে মা সরস্বতী! আর তোমাকে আর কি বলব? তুমি যা পারো করো। তবে বিশ্বাস করো সামনের বছর বলেছি মা, আমি একশ তে একশ পাব। কিন্তু প্রতিবারই দেখতাম মা সরস্বতী আর জিসাস প্রভু বাঁচিয়ে দিতেন, একদম কাঁড়ায় কাঁড়ায় পাস নম্বর।

আমাদের ছোটবেলার বড়দিন মানেই পিকনিক। হয় বাড়ি থেকে কোথাও যাওয়া হবে, নয়তো স্কুল থেকে। তাই গৌড় আর আদিনা অনেকবারই গিয়েছি বাড়ির সঙ্গে পিকনিক করতে। আর একটা মজার পিকনিক ছিল আমাদের বন্ধু বান্ধবদের মধ্যে, সেটা কি? পাড়ার সব বন্ধুরা মিলে আমার মামাতো ভাই বোনেরা, আমার মাসততো ভাই বোনেরা সবাই মিলে সব সবজি, চাউল, ডাল সব সংগ্রহ করতাম। করে নিজেরাই রান্না করতাম জানো তো? বাড়ির ছাদে, কারোর বাড়ির একটা ছাদে। খিচুড়ি কিন্তু বেশিরভাগই অর্ধপক্ক বা পোড়া হতো, নয়তো নুন বেশি হলুদ বেশি। কিন্তু সেই খাবারটা যখন খেতাম, সবাই মিলে বসে কি ভালো যে লাগত! যেন অমৃত খাচ্ছি। কি বলো তো? নিজের রান্না বলে কথা।

আর শোনো না, আরেকটা খেলা ছিল, সেটা হচ্ছে নাটক নাটক খেলা। সেটা কি বলি এবার, আমার ছোট মাসি থাকতেন কলকাতায়। বড়দিনের ছুটিতে ছোট মাসি এই বড়দিনটাকে পুরো মামা বাড়িতে থাকতেন। আর মামা বাড়ি তো আমার বাড়ির সামনের গলিতে, তোমাদের অনেকবারই বলেছি। তো আমাদের আমার মাসততো ভাই বাবলু ছিল আমার খুব বন্ধু। আমার থেকে বয়সে একটু ছোট কিন্তু আমার বন্ধু। আর আমার মামাতো ভাই দীপুও আমার বন্ধু। আর আমাদের পাশের বাড়িতে বাচ্চু বলে একটা ছেলে থাকত, সেও আমার থেকে একটু ছোট। কিন্তু সেও আমাদের খুব ভালো বন্ধু ছিল। আমরা কি করতাম জানো? বাবা-মাদের সব শাড়ি, ধুতি সেফটিপিন দিয়ে আমরা স্ক্রিন তৈরি করতাম। মামা বাড়ির বৈঠকখানাটা বেশ বড়, সেখানে স্টেজ বানাতাম। তারপরে প্লে করা হতো। কি কি জানো? সুকুমার রায়ের 'অবাক জলপান', রবীন্দ্রনাথের 'ডাগ ঘর', নয়তো 'পিঠে খেলে পেটে সয়'! আর সে অনেক রকম নাটক। রোজ প্র্যাকটিস চলছে। কিন্তু যেদিন নাটক আমরা মঞ্চস্থ করতাম, দর্শক দর্শক আসনে কি দেখা যেত জানো? শতরঞ্জির উপর কয়েকটা ছোট্ট ছোট্ট বাচ্চা তাদের নাক

দিয়ে আবার ঝোল গড়াচ্ছে। তা কি হয়েছে? আর আমাদের এই উৎসাহ দেখে, বললাম না আমাদের পাশের বাড়িতে বাচ্চুরা থাকত। বাচ্চুর বাবা লেবুদা ছিলেন কলেজের প্রফেসর আর রানুদি ছিলেন স্কুলের হেড মিস্ট্রেস।... তো ওনার এক বোন ওদের বাড়িতে থাকত। তিনি, তার নাম ছিল বাণী দি। তিনি আবার আমাদের বার্লো গার্লস স্কুলের টিচার ছিলেন। আর বাচ্চুও আমাদের সাথে একেবারেই ভীষণভাবে খেলত। একটুখানি ছোট ছিল বয়সে কিন্তু খেলত। তো বাণী দি একদিন আমাদের উৎসাহ দেখে বললেন, "চল, তোদেরকে দিয়ে আমি একটা নাটক করাব।" উনি সি. এল. টির বই টই জোগাড় করলেন। জোগাড় করে সাধ ভাই চম্পা নাটকটা আমাদেরকে দিয়ে করালেন। আমাদের কি উৎসাহ! মামাবাড়ির উঠোন বেশ বড় বললাম না, সেই উঠোনের মধ্যে স্টেজ তৈরি করা হল। আমাদের দাদারা সব করে দিল। তারপরে নাটক দেখানো হল। দর্শক কে বলত? ওই আমাদের দু তিন বাড়ির সবাই। সবশেষে বাণী দি বক্তৃতা দিলেন, "এমন শিশু আজকের যুগে বিরল। এদের হাত ধরেই নাটকের জয়যাত্রা শুরু হবে।" নাটক শেষে মামা এবং আমার বাবা সকলকে মিষ্টি খাইয়েছিলেন। টুয়েন্টি ফিফথ ডিসেম্বরের কথা বলতে গেলে প্রথমেই মনে পড়ে চার্চের কথা। আমেরিকায় এক বছর ছিলাম দু দফায় ছয় মাস, ছয় মাস করে মেয়ে জামাইয়ের কাছে। কিন্তু তখন চার্চ খুব একটা দেখা হয়ে ওঠেনি। তারপরে গেলাম ফ্রান্সে ছেলে, বৌমা, নাতিনির সঙ্গে। অনেক চার্চ দেখেছি, কত চার্চ দেখেছি সে আমি বলে বোঝাতে পারব না। প্যারিসে বড় বড় চার্চ দেখেছি, মাদ্রিদ এ বড় বড় চার্চ দেখেছি। বুঝলে তো, বিশাল বড় বড় চার্চ! নটরডাম চার্চও দেখলাম প্যারিসে। স্পেনে আলহামরা, গ্রানাদাতে গেলাম। সেখানে চার্চ দেখলাম, বড় বড় চার্চ। কি অপূর্ব, কি অপূর্ব! তোমাদের বলে বোঝাতে পারব না। সব জায়গায় কিন্তু আমরা মোমবাতি জ্বালাতাম। তবে দুঃখের কথা কি জানো? আমরা দেখে আসার কিছু মাসের পরেই নটরডাম চার্চ অগ্নিদগ্ধ হল। খুব কষ্ট পেয়েছিলাম। অবশ্য এখন আবার অনেকটা

ঠিকঠাক হয়ে গেছে। জীবনের প্রথম চার্চ দেখেছি কৃষ্ণনগর চার্চ। তারপর বিয়ের পর স্বামীর সাথে গেলাম সেন্ট পলস ক্যাথিড্রাল, কলকাতার চার্চ। ব্যান্ডিল চার্চে নিয়ে গেল, একেবারে গঙ্গার ধারে, কত্তাই নিয়ে গেছিলেন।বুবন আর নীলান্জনার সাথে মুন্নার থেকে ফেরার পর কোচিতে ভাস্কো-ডা-গামা কফিন রাখা চার্চ দেখেছি। কফিনে ভাস্কো-ডা-গামার

শরীর মানে বডি ছিল না। সেটা ওনার ছেলে অনেক বছর আগেই নিয়ে চলে গেছিলেন। কিন্তু এরকমভাবেই সাজানো ছিল। কলম্বাসের চার্চও ঐ রকমভাবেই সাজানো দেখেছি। আজ তো তাদের কফিনে তাদের শরীর নেই, দেহ নেই, হ্যাঁ? কিন্তু সঠিক জায়গায় হয়তো কবরস্থ করা হয়েছে। যে কথা বলছিলাম, জিসাসের উপর ভক্তি ছিল। এইজন্যেই যে বাবা খুব জিসাসের ভক্ত ছিলেন, উনার বাণীর ভক্ত ছিলেন। উনার এই মহান বাণী যেগুলো উনি বলে গেছেন, বাবা সেগুলো খুব মেনে মেনে চলতেন আর খুব ভালো মন দিয়ে বাবা সেগুলোকে ফলো করতেন। সেইজন্যই আমাদেরও ছোটবেলা থেকে জিসাসের উপর খুব ভক্তি। তবে তখন তো আর এসব বড় বড় কথা বুঝতাম না। তখন কি বুঝতাম বলতো? তখন বড়দিন মানে বুঝতাম কমলা লেবু, বড়দিন মানে কুমড়োর মিঠাই, পেট মোটা পাও রুটি। বড়দিন মানে সকালবেলা বেকারির নোনতা বিস্কুট, তিলের খাজা, নতুন গুড়ের সন্দেশ, মায়ের তৈরি পায়েস, পিঠে, কত রকমের খাবার! ক্লাসের বন্ধুরা আর নতুন ক্লাসের নতুন বই পাতা, বই খাতার অপূর্ব সুগন্ধ, অপরূপ অনুপম। চারিদিকে যেন ধ্বনিত হতো 'মধুবাতা ঋতায়লতে মধুস্কারান্তি সিন্ধবঃ' শ্যাম গান। আনন্দম, আনন্দম ।এই ছিল ভাই আমাদের বড়দিনের আনন্দ, বড়দিনের উৎসব আর আমাদের খুব সুন্দর বড়দিন। শেষ করি তাহলে, বাই বাই!

অযাচিত বন্ধু

প্রত্যেক মানুষের সারা জীবনের মণিকোঠায় এমন অযাচিত দু-একজন মানুষ থাকে, যাদের কোনভাবেই ভোলা যায় না। তারা মস্তিষ্কের কোন ছোট্ট কোণে হৃদয়ের এক চিলতে জায়গা নিয়ে কোন মুহূর্তের জন্যও মনকে এলোমেলো করে দেয়। প্রকৃত অর্থে যারা হয়ে যায় জীবনের উপকারী বন্ধু। এরকম দু-একজন বন্ধুর কথা আজও মনে আছে, যাদের কাছে ঋণী নই। উপকার নিয়েও বন্ধুর কাছে কি ঋণী হওয়া যায়? সে যে বন্ধু, সে তো ঋণ করেও না। কারণ তাদের সঙ্গে কোন দেওয়া নেওয়ার সম্পর্কই থাকে না। তারা বন্ধু আমার। বিয়ের ঠিক পরের বছর একই দিনে আমরা চললাম দ্বিতীয় হানিমুন করতে। ছোট্ট থাট্টো ভ্রমণ এক সপ্তাহের। জায়গাটা আমি ঠিক করলাম, রাজগির যাবে? ও বললো, ঠিক আছে, চলো। নালন্দা আর বুদ্ধগয়াটাও দেখে আসা যাবে এই সঙ্গে। আসলে এর আগে আমি দাদা, মা, দিদি, বৌদিদের সাথে একবার রাজগির ঘুরে এসেছি। সেই সঙ্গে নালন্দা এবং বুদ্ধগয়াও। রাজগির আমার খুব ভালো লেগেছিল। বুদ্ধদেবের নানা স্মৃতি বিজড়িত ভারী চমৎকার। পাহাড়ে ঘেরা সবুজ শ্যামলীমায় আচ্ছাদিত ছোট্ট একটা পাহাড়ি শহর। সবথেকে ভালো লেগেছিল উষ্ণ প্রস্রবণের স্নান। এবার রাজগ্রীহে গিয়ে দেখলাম মানুষের ঢল, প্রচুর ছোট বড় হোটেল আর অপরিচ্ছন্ন উষ্ণ প্রস্রবণের স্নানের জায়গাটা। আমরা মাত্র দু'দিন থাকলাম। নালন্দা আর বুদ্ধগয়া দেখার পর আমরা বক্তিয়ারপুর নামক একটা স্টেশনে এসে পৌঁছলাম। অবশ্যই পাটনা ফেরত। কিভাবে এখন আর খুব একটা ভালো মনে নেই। মনে হয় বাসে। আমার শ্বশুরবাড়ি হাওড়া কিন্তু আমরা যাচ্ছি মালদা। আমার বাড়ি এক চক্কর ঘুরে আসতে। বক্তিয়ারপুরে আমরা যখন পৌঁছলাম, তখন অপরাহ্ণ শেষ হয়েছে। আমরা টিনের ছাউনি দেওয়া টালির ছাদের তলায় বসে প্রথমেই একটা দোকানে ঢুকে পরোটা আলু

সবজি খেয়ে নিলাম। খুব খিদেও পেয়েছিল। সঙ্গে লাগেজ বলতে দুটো চামড়ার সুটকেস, কুমিরের পিঠের মতন দেখতে। বিয়েতে বাবা দিয়েছিলেন। সেটাতে আবার নীল রঙের ওয়ার পরানো। একটা বেশ বড় ভারী, আরেকটা ছোট্ট হালকা। সঙ্গে আমার হ্যান্ডব্যাগও আছে। তাতে নানারকম মেয়েলি জিনিসে ভর্তি। আমরা বক্তিয়ারপুরের রেলওয়ের ওয়েটিং রুমে গিয়ে বসলাম। ওয়েটিং রুমটা ছোট্ট, দেওয়ালের সঙ্গে গা ঘেঁষা সিমেন্টের বেঞ্চিগুলো চার ধার জুড়ে। কয়েকটি পরিবারও বসে আছে। আমরা বসতে না বসতেই গোটা কতক সতেরো আঠারো বছরের ছেলে হুড়মুড় করে ওয়েটিং রুমে ঢুকে মারামারি শুরু করল। আমরা তো অবাক! ওদের অসভ্যতা দেখে দু-একটা পরিবার বাইরে চলে গেল। ছেলেগুলো ইচ্ছে করেই এসব করছিল, যেন একটু কিছু বললেই আমাদের উপর ঝাঁপিয়ে পড়বে। প্রচণ্ড বিরক্তি নিয়ে আমরা বাইরে বেরিয়ে এলাম। স্টেশন প্ল্যাটফর্ম তখনও বেশ গমগম করছে। হকাররাও রয়েছে, রয়েছে নানারকম স্টল ইত্যাদি। মাঝে মাঝে ঝমঝম করে মালগাড়ি আসছে যাচ্ছে। আমরা বসে বসে টুকটাক কথাবার্তা বলছি, বেশিরভাগই ওই অসভ্য ছেলেগুলোকে নিয়ে। একেবারে গুন্ডার দল। হঠাৎই আবার ছেলেগুলোকে দেখলাম। ওরাও আমাদের দিকে হাসা হাসি করতে লাগল। সত্যি বলতে কি, আমার ভালো লাগছিল না। আমরা ওদেরকে একেবারেই ইগনোর করলাম। এরপর যেটা হলো, কলকাতা ফেরার ট্রেন এলো। মানে হাওড়া স্টেশনগামী ট্রেন এবং প্রকৃত অর্থে যেটা দাঁড়ালো সেটা স্টেশনটা মানুষশূন্য হয়ে গেল। ট্রেন প্রস্থানের সঙ্গে সঙ্গেই আমরা প্রথমে একটু অবাক হয়ে গেলাম। কি হলো রে বাবা! কেউই তো রইল না, এমনকি স্টলগুলোও উঠে যেতে লাগল। একজনকে জিজ্ঞেস করে জানা গেল, অভি অর কই প্যাসেঞ্জার ট্রেন নেই হ্যাঁ। তাহলে আমরা, আমরা কি করব? আমরা কোথায় যাব? আমার স্বামী ট্রেনের টাইম টেবিল বই খুলে দেখলেন, আমাদের ট্রেন রাত দুটোয়। মাথায় যেন বজ্রাঘাত। এই প্রথম ওর মুখে দেখলাম বিরক্তি। এখন কি করবে তাই ভাবো। দাঁড়াও, দাঁড়াও

বুদ্ধির গোড়ায় একটু ধোঁয়া দিই। চলো স্টেশন মাস্টারের কাছে একটা কিছু পরামর্শ করি। আমার স্বামী লাফিয়ে উঠল। ও একটা সিগারেট ধরে এক হাতে বড় সুটকেসটা নিয়ে সোজা হাঁটা দিল স্টেশন মাস্টারের ঘরের দিকে। ছোট সুটকেসটা নিয়ে পিছনে পিছনে আমি।

স্টেশন মাস্টারের ঘরে অনেকগুলো বিনা টিকিটের যাত্রী চেঁচামিচি করছে। আর কটা পকেটমারও আছে, খুব তক্কাতক্কি চলছে। হাতের কাজ শেষ করে এতক্ষণে ভদ্রলোক আমাদের দিকে তাকাল। আমার কর্তায় গিয়ে হ্যান্ডশেক করল। কথাবার্তা হল ইংরেজিতেই। তারপর প্যাকেট থেকে সিগারেট বার করে দুজনেই ধরাল। মনে হয় কিছু একটু সুরাহা হয়েছে। আমি একটু দূরেই দাঁড়িয়ে আছি। এতক্ষণে আমি ভদ্রলোককে ভালো করে দেখলাম। আমার স্বামীর বয়সী, তিরিশ হয়তো পার করেছে। চেহারাটা তাই মনে হচ্ছে। মাথার চুলগুলো কার্লি, পরনে গ্রে কালারের সাফারি স্যুট, মুখে খুবই ভদ্রতার ছাপ। একটুক্ষণ পর আমার স্বামী আমার কাছে এসে বলল, "চলো, উনি ওনার ঘরের ব্যারিকেডের মধ্যে আমাদের থাকতে বলছেন।" যাক বাবা নিশ্চিন্ত হওয়া গেল। আমরা মাস্টারমশাইয়ের ঘরের ব্যারিকেডের মধ্যে প্রবেশ করা মাত্রই উনি দুটো চেয়ার দিলেন। ছারপোকার ভয়ে আমরা সেই চেয়ারগুলোতে বসলাম না। ও বলল, "না, না, ঠিক আছে, ঠিক আছে, থ্যাঙ্ক ইউ ইত্যাদি।" এখন সদ্য সন্ধ্যা শেষ হয়েছে। এখন থেকে রাত দুটো। ভাবতে গিয়ে কান্না পাচ্ছে। সে স্টেশন মাস্টারও আমাদের সময়টা রাত দুটোই বললেন। কি করে সময় কাটবে জানিনা। আমাদের লাভ ম্যারেজের বিয়ে নয়, অ্যারেঞ্জ ম্যারেজ। বিয়ের আগে পরস্পরকে দেখা মাত্র দু-এক মিনিটের জন্য। এক বছর পরেও তাই যেন মনে হয় এখনও তো সব কথা বলাই হয়নি। নতুনত্বও একেবারে চলে যায়নি। পর পরস্পরের দোষ দেওয়া ধরা এখনও শুরু হয়নি। তুমি ভালো না আমি ভালো, সে গুণগত মান ভাববার সময়ও আসেনি। দোষারোপের অবকাশও থাকবে না, রাত কেটে যাবে। মাস্টারমশাই আমাদের কাছে এসে চেয়ারটা টেনে বসলেন। ওনার হাত একটু খালি

হয়েছে। ঘরে ভিড়ও নেই। গল্পে গল্পে ওনার বাড়ি জানা গেল বিহার শরীফ। আমাদের থেকে এক বছর আগে বিয়ে করেছে। ঘরে এখনও বাচ্চা আসেনি। আবার কোন মাল গাড়ি, ঝমাঝম, পা পিছলে আলুর দম। মাস্টারমশাই ব্যস্ত হয়ে উঠলেন। আমার কর্তাও আঁতকে উঠল, "এ কি! আমার সিগারেট তো শেষ। সিগারেট ছাড়া না ভাই, আমি মরে যাব। একটুক্ষণ একা থাকো প্লিজ। আমি দৌড়ে দু-তিন প্যাকেট সিগারেট কিনে নিয়ে আসছি। এই যাব আর আসব।" আমাকে কোন কথা বলার সুযোগই না দিয়ে সে দ্রুত বেরিয়ে গেল। অসম্ভব সিগারেটের নেশা! দিনের মধ্যে অগণিত প্যাকেট। বসে আছি তো বসেই আছি। দীর্ঘ প্রতীক্ষা চলছে। এই বলে গেল, যাব আর আসব। কিন্তু আসার তো নামগন্ধ দেখছি না। স্টল থেকে কিনে নিয়ে আর চলে আসবে, এত দেরি হওয়ার তো কথা নয়। আমার চিন্তা শুরু হল। বিরস বদনে ওর নানারকম দোষ আমি স্বচক্ষে দেখতে লাগলাম। বিদেশ বিভূই, একেবারে একা। প্রায় নতুন বউই তো আমি এখনও, তাকে ফেলে তুমি চলে গেলে? সিগারেট না হলে তোমার চলছিল না, না? একদিন সিগারেট ছারা তুমি মরে যেতে। নানারকম বিষে বিষাক্ত হতে থাকল আমার মনের দরজাগুলো। এমন সময় মাস্টারমশাই নিজের জায়গা থেকে হাঁক দিলেন, "মিস্টার বাগচি কাহা গায়ে?" "বললাম, সিগারেট কিনতে।" "ক্যা বাত! মেরে পাস হ্যাঁ না। আপ চা লেঙ্গে ম্যাডাম?" আমি মাথা নেড়ে বললাম, ধন্যবাদ, লাগবে না। আবার সেই প্রতীক্ষা। প্রতীক্ষারও তো একটা শেষ আছে। কি হল রে বাবা, এখনও ফিরছে না। এবার আমার সত্যিই ভয় শুরু হল। পৃথিবীর সমস্ত মেয়েদের একটা ধারণা আছে, তার মিস্টারটি একটি কেবলাকান্ত, দুনিয়ার বুদ্ধু। সারা দেশের লোক যেন ওকেই একমাত্র ঠকাবার জন্য ওৎ পেতে বসে রয়েছে।...কেন না, তার মতো সরল সিধে ভালো মানুষ তো আর দুনিয়ায় দুটি নেই। হে ভগবান! আমি কেন ওর সঙ্গে গেলাম না? আমি যদি সঙ্গে থাকতাম, কেউ কিছু করতে পারত না। আর ওই ছেলেগুলো ওরা পিছু নেয়নি

তো? আকাশ পাতাল অমঙ্গলের কথা ভাবতে ভাবতে আমার চোখে হালকা জল এসে গেল। ভদ্রলোক আবার ওইখান থেকে হাঁক দিলেন, ডরিয়ে মাত ম্যাডাম, কই দিক্কাৎ হো তো বলো। আমি শান্তভাবে ঘাড় নাড়লাম। এমন সময় প্রায় কাঁদো কাঁদো মুখে হন্তদন্ত হয়ে আমার মহাশয় ফিরে এলেন। খুব ব্যথিত মুখ, এসেই বলল, ভেরি ভেরি সরি, খুব দেরি হয়ে গেছে। প্লিজ প্লিজ! আসলে প্ল্যাটফর্মের লাস্ট পর্যন্ত কোন সিগারেটের স্টলই নেই। সব উঠে গেছে। আমি রাস্তা পেরিয়ে ভেতরের দিকে একটা ছাপরার তালির ছাদের একটা দোকান, সেখানে পেলাম এই সিগারেটগুলো দেখো। তাও আমার নিজের ব্র্যান্ড পাইনি। তোমার কোন অসুবিধা হয়নি তো? ঘামে ভিজা মুখ, খুস্কো খুস্কো চুল আর অসহায় মানুষটিকে দেখে যেন সাত রাজার ধন ফিরে পেলাম। কান্না আসছিল। মিথ্যে কথা কেন বলব? চেপে নিলাম। ক্ষমার থেকে বড় ভালোবাসা আর কিচ্ছুটি নেই। স্টেশন মাস্টার ভদ্রলোক কোথাও গিয়েছিলেন। ফিরে এসে ওকে দেখে বললেন, ক্যা বাত হ্যায় স্যার, আপকো বলনা চাইয়ে থা। মেরে পাস হ্যায় না, মাই ভি কভি কভি তো পিতা হু। রাত বাড়তে লাগলো। আমরা পরস্পর নিজেদের ভুল ত্রুটিগুলো ধরতে পেরে বুঝতে পেরে নিজেদের নিজেরা ক্ষমার মতো সাজ্জা গুণ দিয়ে বোঝাপড়া

করতে লাগলাম। ওই ভদ্রলোকও নানা রকম মালগাড়ির আসা যাওয়ার কাজের সঙ্গে জড়িত হয়ে পড়ল। কথা ছিল জেগে থাকব, নইলে রাত দুটো বুঝব কি করে? আমাদের ট্রেন যে সেই রাত দুটোয়, এই ট্রেন মিস করলে কোথায় কখন কোন পৃথিবীতে পৌঁছাব জানিনা। অতএব, আজ সেই বাসর ঘরের গল্পের গল্পের মতো রাতটা কাটাব দুজনে। এই করলাম দুজনে অঙ্গীকার। কখন যে গাঢ় ঘুমে নিজের আচ্ছন্ন হয়ে পড়েছি জানতেও পারিনি। সারা দিনের ক্লান্তি, অসংখ্য ঘটনা, নানা দুশ্চিন্তা আর অজানা ভয় সবকিছুকে ছাপিয়ে নিদ্রাদেবী কখন যে ওত পেতে নিজের দখল নিয়েছেন কে জানে? হঠাৎই দেখি জোরালো টর্চের আলো আর মাস্টারমশাইয়ের চিৎকার। আমরা দুজনেই হুড়মুড় করে জেগে উঠলাম।

"উঠিয়ে উঠিয়ে পাঁচ মিনিট মে আপ লোগ কা গাড়ি আ যাইগা, জলদি জলদি।" আমরা ভালো করে কিছু বুঝে ওঠার আগেই মাস্টারমশাই আমার ছোট সুটকেসটা হাতে তুলে নিলেন। আমার কর্তা বড় সুটকেসটা। মাস্টারমশাই প্ল্যাটফর্ম ছেড়ে এব্রো খেপরো ট্রেন লাইন ধরতে ধরতে বললেন, "আপ লোগো কা কামরা প্ল্যাটফর্মে নাই আইগা, এক মিনিট সে কম হাল্টিং হ্যায়, আইয়ে মেরে সাথ জলদি আইয়ে।" প্রায় দৌড়োতে দৌড়োতে ছুটে চলেছি। ট্রেন লাইনের পাশের দুব্ব ঘাসের সরু রাস্তা ধরে আমরা তিনজনে ছুটছি। সময় নেই, ভাববার সময় নেই। প্রথমে আমার কর্তা, তারপরে মাস্টারমশাই, সবশেষে আমি। দূর থেকে ট্রেনের তীব্র আলো দেখা গেল। উফ! ট্রেনটা ঠিক আমাদের জায়গাতেই থামলো। মাস্টারমশাই চিৎকার করে ওদের ভাষায় কিছু একটা বলল ফ্ল্যাগ দেখিয়ে। অমনি ঠিক আমাদের সামনে ট্রেনের কামরাটা খুলে গেল। যে কামরাটাতে আমাদের সিট রিজার্ভ করা ছিল, ঠিক সেই কামরাটা। মুহূর্তকাল বিলম্ব না করে আমার স্বামী উঠে পড়লো ট্রেনে, হাত বাড়িয়ে তুলে নিল আমাকে। আর মাস্টারমশাই আমাদের বড়ো ছোটো বিয়েতে বাবার দেওয়া সুটকেস দুটো তুলে দিল। আমরা দুজনেই ট্রেনের জানলায় মুখ রাখলাম। গাড়ি ছেড়ে দিয়েছে। অতি পরিচিত, অতি অপরিচিত সেই গভীর রাতের প্রিয় বন্ধুকে ধন্যবাদ জানিয়ে, বিদায় জানিয়ে বলতে চেয়েছিলাম, আজ তবে বিদায় বন্ধু। কিন্তু আমাদের মুখেই এসে পড়লো মাস্টারমশাইয়ের টর্চের তীব্র আলো। উল্টো দিকের হাসিমুখটা আমরা দুজনেই টের পেলাম। আমরা একটু হাসলাম। আর মনে মনে বললাম, কোথাও হারিয়ে না যাওয়া এই ছোট্ট একটা স্টেশনে রেখে গেলাম এক পরম উপকারী বন্ধুকে। বন্ধু, সে যে শুধু বন্ধু, সে যে বন্ধু আমাদের!

মিষ্টান্ন খুশির দিনে

পিঠেপুলির দিনে নোলেন গুড়ের সুগন্ধের সঙ্গে যেন জড়িয়ে আছেন রবীন্দ্রনাথ। মনে আছে সেই অসামান্য ছড়াটা? "আমসত্ব দুধে ফেলি, তাহাতে কদলী ডলি, সন্দেশ মাখিয়া দিয়া তাতে, হাপুস ওপুস শব্দ, চারিদিক নিস্তব্ধ, পিঁপড়া কাঁদিয়া যায় পাতে"। কবির মতোই বাংলার শত শত মানুষের প্রাণের প্রিয় এই মিষ্টি জিনিসটা। হ্যাঁ ভাই! আমি ময়রা মহাশয় এর হাতের তৈরি খীর ছানার সঙ্গে চিনি অথবা গুড়ের মিশ্রণে যে অভূতপূর্ব সুস্বাদু জিনিসটি বেরিয়ে আসে, তার কথাই বলছি।

বয়স বাড়ার সঙ্গে সঙ্গে মিষ্টি খাবার প্রবণতা বাড়ে। আর বুড়ো বয়সে মিষ্টি খাবার জন্য মনটা হাহাকার করে। হাহাকার বললাম এই কারণে, মিষ্টি তো শরীরে তখন জাঁকিয়ে বসেছে। রক্তে ঘনত্ব, ইনসুলিন ভালো কাজ করছে না, প্যানক্রিয়াস রিভোল্ট করছে, কিডনি তথৈবচ। মুখে স্বাদ নেই। কাঁচকলা, করলা অথবা পটল কেমন যেন বর্ণময় অসাড়। কিন্তু একটা পটল সন্দেশ! ভেতরে পুর ভরা সন্দেশের, ওই পটল সন্দেশ যদি একটা পাওয়া যায়, তাহলে মনটা হাসিতে ভরে ওঠে। পটল তো তুলতেই হবে। দু'বার তুললে ক্ষতি কি? সব মিষ্টি কিন্তু সবার প্রিয় নয়। যে রসগোল্লা লিডিকিনি ভালোবাসে, সে কিন্তু জলভরা তালশাঁস হয়তো একেবারে পছন্দই করে না। আবার যে জিলিপি, দরবেশ, রাবড়ি অনেকটা খেয়ে ফেলবে, সে হয়তো নতুন গুড়ের কাঁচাগোল্লা মুখেই তুলবে না। কিন্তু কতগুলো মিষ্টি আছে, যেমন বোঁদে, গজা, লবঙ্গ লতিকা, বালুশাই, এগুলো কিন্তু সকলের মনকে ভরিয়ে দেয়। ঠিক বলছি ভাই? আজকালকার বাচ্চারা কিন্তু একদম মিষ্টি খেতে চায় না।

আমরা কিন্তু বাচ্চাবয়সে খুব মিষ্টি খেতে ভালোবাসতাম। আমরা মানে আমাদের সময়কার বাচ্চারা। আত্মীয়রা বাড়িতে প্রবেশের আগেই

তাদের হাতের মিষ্টির বাক্সটা কত বড় সেটাই দেখতাম। আমার স্বামী খুব মিষ্টি ভালোবাসতেন। তিওয়ারির দোকানের পেস্তার বরফি ওর প্রিয় ছিল। আর প্রিয় ছিল সীতাভোগ, মিহিদানা, মিল্ক কেক। সীতাভোগ, মিহিদানা খাবার জন্য বর্ধমান পর্যন্ত ছুটে যাওয়াও ওর কাছে কোন ব্যাপার ছিল না। আমাদের ছোটবেলায় কোন নিমন্ত্রণ বাড়িতে অথবা বিয়ে বাড়িতে যাওয়ার আগে বাড়ি থেকে বলা হতো, প্রথম পাতে লুচি, রাধাবল্লভী একদম খাবে না। মাছ মাংস কিন্তু বেশি নয়, পেট আঁটবে। ভালো করে মিষ্টিটা খেও, আর একগাদা চুন সুপুরি দেওয়া পান খাবে না। মনে থাকবে তো? আমার দাদা দিদিদের বিয়ের দুদিন আগে থেকেই বাড়িতে ভিয়েন বসতো ছাদে। আমার বিয়েতেও ভিয়েন হয়েছে। হালুইকাররা নানা রকম মিষ্টি তৈরি করেছে বাড়িতেই ছাদের উপর। সেসব মিষ্টির স্বাদ কিন্তু একেবারেই আলাদা এবং অসাধারণ। তখন সব বাড়িতেই অনুষ্ঠান উৎসব উপলক্ষে ভিয়েন বসত। হালুইকাররা এসে প্রথমেই বড় বড় উনুন তৈরি করত। তারপর সেই উনুনের পুজো দেওয়া হতো। চাল, ডাল, গোটা সবজি, ফল ইত্যাদি দিয়ে মানে সেই উনুনকে সিধে চড়ানো হতো। তারপর তারা খুব শুদ্ধভাবে মিষ্টি তৈরি করত। যেন মা অন্নপূর্ণার পুজো দিচ্ছে। ভারি ভালো লাগতো দেখতে। চারিদিক আলপনা দেওয়া উনুন, সামনে সিধে চড়ানো রয়েছে আর হালুইকাররা প্রণাম করে বড় বড় কড়াই, বড় বড় খুন্তি দিয়ে ছানা, নানা রকম খীর টির এগুলো দিয়ে মিষ্টি তৈরি করছে। আবার এক একটা বিয়ে বাড়িতে কি হতো? এক একটা খাইয়ে মানুষকে টার্গেট করা হতো। তাকে প্রচুর খাওয়ানো হতো।... আমার ছোড়দির বিয়েতে দেখেছি একটা মজার ঘটনা। আমাদের এক দূর সম্পর্কের কাকা ছিলেন। তিনি খুব খেতে পারতেন। তো, মেজদির বিয়েতে সবাই মিলে তাকে সত্তরটা মতন বড় বড় রাজভোগ খাইয়েছিল এবং এক হাঁড়ি দই। আর সেই কাকা, মাংস, পোলাও সমস্ত খাবার পর সেটা খেয়েছিলেন। নিমন্ত্রিত অতিথিরা সব ভুলে গিয়ে তার খাওয়া দেখতেই ব্যস্ত ছিল। ওরে বাবা! সে কি

চেঁচামেচি! বর এসেছে, বর এসেছে। সেই হুল্লোড়ের কাছে চাপা পড়ে গেছিল। আবার আমাদের ছোটবেলায় আমাদের পাড়ার বিয়ে ছিল খুব মজার। সেই নিমন্ত্রণগুলো আমরা কখনোই মিস করতাম না। আমাদের পাড়াটা খুব পুরনো, সেই নীলকর সাহেবদের আমলের পাড়া। কাজেই অনেক পুরনো রীতি রেওয়াজ আমাদের পাড়ায় ছিল। আমরাও কিছু কিছু দেখেছি, যেগুলো অভিনব এবং অভিজাত। প্রত্যেকের বাড়ির বিবাহ উৎসবে আমরা নিমন্ত্রণ পেতাম। তবে বাড়ির বড়দের সে নিমন্ত্রণে কখনো যেতে দেখিনি। আমরা মানে, আমরা ছোটরাই সে নিমন্ত্রণে যেতাম। দেখতাম দলবদ্ধভাবে নিমন্ত্রিত অতিথিরা খেতে বসতেন এবং তাদের পরিবারও তাদের সাথে বসত। আমাদেরকে একটু সাইডে বসানো হতো। বাচ্চা বয়সে সেগুলো চোখে পড়ত। তো, প্রথমেই পাতে পড়ত হাতিপায়া। নরম তুলোর মতন বিশাল আকারের পেট পুরো ফোলা লুচি। দেখতে অনেকটা আজকালকার দিনের রোমালি রুটির মতন, অথবা বিশাল আকারের বাটোরার মতো। লুচিটা হতো পুরো শুদ্ধ ঘিয়ে ভাজা। কেননা, সারা পরিবেশ মম করত তার সুগন্ধে। এর পরে পাতে পড়ত একটা পাতলা ডাল বা কোন একটা তরকারি, নুনহীন। দেখতাম যারা খেতে বসেছেন তারাও চুপচাপ বসে আছেন। একটু আধটু মুখে তুলছে। আমরাও চুপ করে বসে থাকতাম।

শুরু হতো এরপর। এরপর পাতে পড়ত অপূর্ব সুগন্ধ যুক্ত বুদিয়া অথবা বোঁদে অথবা বুনিয়া। খাওয়া শুরু হল। এই বোঁদের উপর ধপাস করে পড়লো অসাধারণ খীরশা, মানে খীর। সাদা ধপধপে তুলোর মতন । পাত জোড়া লুচি, তার উপর হালকা রঙিন বাহারি বোঁদে, তার উপর মিষ্টি, হালকা মিষ্টি যুক্ত অপূর্ব জমার বাঁধা ধপধপে খীর। ভাই, আর কথা হবে না। সবাই গপ গপ করে খেতে শুরু করলো। আমরা কোনদিন পুরো লুচিটা খেতে পারতাম না। শেষ পাতে পড়ত বড় বড় স্পঞ্জ রসগোল্লা। ও মাগো, এবার খেলে মরেই যাব।

তবে 'রামদিন দোবেরা' কি আর সেই একাসোনে আমাদের সাথে বসত না, থাকত? তারা ওই হাতিপায়া লুচি দশ বারোটা খেয়েও ফেলত। একেবারে পুরো সাঁটিয়ে দেওয়া যাকে বলে। খাবার থেকে, আমাদের খাবার মজাটাই ছিল বেশি। আমরা দেখতাম খুব ভালো করে, যে যারা খেতে বসেছেন, তারা রসগোল্লাগুলো যত না খেত, পাশের বড় বড় মাটির গ্লাসে সেগুলো ঢুকিয়ে নিত। সেগুলো বাড়ি নিয়ে যাবে। কি মজা না!

মা আমাদের হাত দিয়ে পাঠাতেন কাঁসার রেকাবি, থালা নয়তো সুন্দর কাসকেট। সেই কাসকেটের ভেতরে থাকত ভারী চমৎকার রুপোর সিঁদুরদানি। কোনটায় পদ্মফুল, কোনটায় পাল তোলা নৌকো। আমি জানিনা, এখনো আমাদের পাড়ায় ওইসব বিয়ে বাড়িতে হাতিপায়া লুচি তৈরি হয় কি? মনে হয়, হয় না। এমন বিশুদ্ধ ঘি বা এখন কোথায়? আর সেই সুনিপুণ কারিগররা, তারা হয়তো নতুনদের শিখিয়ে দিয়েই যায়নি সেই দারুণ রন্ধন প্রণালী। তাই সমাপ্ত হয়েছে সেই হাতিপায়া লুচির ইতিকথা। অথবা তারা যেন আঁচ করতে পেরেছিল, অদূর ভবিষ্যতেই জাঁকিয়ে বসতে চলেছে চাউমিন, চিলি চিকেন, ছোট্ট একটা গ্লাসের মধ্যে একটু আইসক্রিম, এক খন্ড শক্ত কাঠের মত সন্দেশ, এই সব আর কি! তবে আজ একটা কথা বলি, বলো তো ভাই, সব থেকে ভালো মিষ্টি কোনটা? দুনিয়ার সব থেকে ভালো মিষ্টি কিন্তু জন্মদিনে মায়ের হাতের বানানো পায়েস। তার তুল্য কিছু কি আছে সারা পৃথিবীর মিষ্টি মধ্যে ।

মা নিজের সন্তানের জন্য, তার মঙ্গলের জন্য নিজের মনের সবটুকু ভালোবাসা দিয়ে যে মিষ্টি তৈরি করেন, তা যেন অমৃত তুল্য। হবে নাই বা কেন? সেই কবে কোন কালে 'ঈশ্বরী পাটনী' মা অন্নপূর্ণার কাছে প্রার্থনা করেছিলেন, "মাগো, আমার সন্তান যেন থাকে দুধে ভাতে।" মা বলেছিলেন, "তথাস্তু।"

প্রত্যেকের কাছেই তার নিজের মা হচ্ছেন জগৎ জননী। মায়ের হাতের দুধ ভাত তাই অতি প্রিয় পরমান্নে রূপান্তরিত হয়। তাই না? তোমরা কি বলছো?

সানঝা পুজো

বয়সের সঙ্গে সঙ্গে স্মৃতিচারণ অনবদ্য লাগে। এটা একা আমার নয়, সকলেরই। এটা মানব মস্তিষ্কের এক অসাধারণ নিয়ন্ত্রণ। তখন আমি সিক্স পড়ি। একদিন পার্ক থেকে খেলে ফিরছি। দেখি আমাদের সামনের বাড়িতে যে মেয়েটি থাকে তার নাম অষ্টমী। আমারই বয়সী। সে আমার হাত ধরে সে বলে, "এক্ষুনি আমার বাড়ি চল।" আমি বললাম, "কেন?" ও বলল, "সানঝা পুজো করছি।" সানঝা পুজোটা যে কি জিনিস তা আমি ভালোই জানি। কারণ কার্তিক মাস ধরে এই পুজোটা এখানকার লোকেরা করে। এটাও কার্তিক মাস। বললাম, "শুরু করেছিস?" ও বলল, "হ্যাঁ, এক্ষুনি আরম্ভ করব।" তাড়াতাড়ি করে মাকে বললাম, "একটা থালার মধ্যে খৈ, মুড়ি, মুরকি এসব দাও।" এটাই পুজোর ভোগ। যে হেতু সারা বছর আমরা জমির চাল খেতাম, তাই খৈ, মুড়ি, মুরকি, চিড়ে কোনদিন দোকান থেকে আমাদের কিনতে হতো না। বাড়ির ধানেই ভাড়ার ঘরে বড় বড় টিন ভর্তি এসব থাকত। তো কি হয়েছে মুরকি সেদিন ছিল না। তাই আমি খৈ, চিড়ে, মুড়ি, বাতাসা সব একটা রেকাবিতে করে নিয়ে গেলাম ওদের বাড়িতে। মা সব সাজিয়ে দিলেন। ওদের উঠোনটা বিশাল। সেই উঠোনের তুলসী তলাটা ভালো করে গোবর মাটি দিয়ে নিকিয়ে আলপনা দেওয়া হয়েছে। সেখানে সানঝার ঘট বসিয়েছে। থরে থরে মুড়ি, মুরকি, চিড়ের থালা সামনে সাজানো। আমার থালাটাও রাখলাম। একটা শতরঞ্চি নাকি চাটাই কিছু একট পেতে দিয়েছে উঠোনে। পাড়ার অনেকগুলো আমাদেরই বয়সী মেয়ে, ক'টা বউও সেই চাটাইয়ে বসে আছে। হাতে এক টুকরো ফুল নিয়ে বসেছে। আমিও ভিড়ে গেলাম ওদের দলে। হাতে একটু ফুল নিয়ে শুরু হল সানঝার পুজো। আসলে পুজো তেমন কিছুই না। সানঝা মানে সন্ধ্যেবেলা। গোধূলি লগ্নের সদ্য শীত আগমনের অপরাহ্ণ বেলায় এই পুজোর আয়োজন। এটা মোটামুটি

মেয়েলি পুজো। বিশেষত বাচ্চা মেয়েদের পুজো। যেমন ইচু-ইতু পুজো হয় বাচ্চা মেয়েদের। তো সবাই একসঙ্গে বসে আছি। গান শুরু করল। ওর মা এসে বসে পড়লেন আমাদের সঙ্গে। সবাই তালে তাল দিচ্ছি। আমি কথা সুর একটু একটু জানতাম। কেননা এটা প্রত্যেক বছর কার্তিক মাসে ওদের বাড়িতে এই আয়োজনটা হয়। কাজেই আমার কোন অসুবিধে হল না। ওদের সুরে সুর মেলাতে থাকলাম। আসলে এটা কতগুলো মেয়েলি গান এবং এই গানগুলো একেবারে বাচ্চা মেয়েরা সুর করে করে করে ছোট্টবেলায়, সেরকম কতগুলো গান। আর গানগুলোর ভেতরে ভাষাগুলোর একটু অন্যরকম। দেশওয়ালি ভাষা আছে একটু। শুরু হল। প্রথম গানটা এইরকম। সানঝা উঠিল ঝিকিমিকি কইরা, হাতে লাল সুতা ধইরা। ও সানঝা সাঁঝ বাংলা দে। গাঁদা ফুল ফুটি ফুটি যায়। সানঝার গান ওপারে যায়। ও সানঝা সাঁঝ বাংলা দে। তার মানে সন্ধ্যেবেলাকে বলছে, সন্-সন্ধ্যা লগ্নটাকে যে তুমি এই লগ্নটাকে উতরে দাও, দিয়ে রাত আসুক।

এটাই বলতে চাইছে। গাঁদা ফুল মানে গাঁদা ফুল। গাঁদা ফুল ফুট ফুট করে ফুটছে। আর সানঝা পাড়াতে পাড়াতে গান গাইছে। সময়টাকে তুমি বাংলা দাও মানে সময়টাকে তুমি ফিনিশ করো। মানে সময়টা এই সন্ধ্যেবেলার সময়টা ফিনিশ করে রাত আনো। তারপরে এই গানটা হবে কিরকমভাবে? অনেকক্ষণ ধরে চলবে এই গানটা। যত রকম ফুলের নাম ওরা জানে সব রকম ফুলের গান, ফুলের নাম দিয়েই গানটা হবে। যেমন সন্ধ্যামণি, রজনীগন্ধা, গোলাপ, টগর, বেলিফুল এরকম বলতেই থাকবে। করতে করতে একসময় এই গানটা শেষ হল। এবার দ্বিতীয় গানটা শুরু হবে। দ্বিতীয় গানটা হচ্ছে সানঝা এল, সানঝা এল বামুনপাড়া দিয়া। কত যে বামুনের মেয়ে কন্ঠে কাপড় দিয়া। সানঝার কোলে কামিনী, সানঝার চরণে ফুল, সানঝা আইলো রে। এইভাবে না গানটা সুর করে করে করবে। আর তার থাকবে কায়েদপাড়া, গোয়ালপাড়া, তেলিপাড়া। এরকম নানা রকমের পাড়া পর পর পর পর ওরা বলে যাবে। সব পাড়াগুলো শেষ হবে। দ্বিতীয় গানটা শেষ হবে। তারপরে শুরু হবে

তৃতীয় গান। তৃতীয় গানটা কি? উপর দিয়ে যাচ্ছে সানঝা। মানে উপর দিয়ে সানঝা মানে সন্ধ্যেবেলা যাচ্ছে। উপর দিয়ে যাচ্ছে সানঝা, হাতও দেখাইল। তাই দেখে রাজার ছেলে চুরি পরাইল।উপর দিয়ে যাচে সানজা গলা দেখাইল। তাই দেখে কোটাল ছেলে হাড়ো পরাইল।

এইরকম সর্ব অঙ্গ সানজার ভর্তি হয়ে যাবে গয়নাতে। আর এই রাজার ছেলে, কোটাল পুত্র, মন্ত্রী পুত্র নানারকম পুত্র। আর শেষকালে আমরাও পরাবো এক একটা করে সোনার আংটি, সোনার দুল নানারকম। এবার প্রত্যেকের নাম ধরে ধরে বলা হবে। যেমন আমার নাম ধরে বলা হলো অনিতা এবার পরাবে দুল। হ্যাঁ, এই রকম খুব মজার গানগুলো। আর খুব ভালো লাগে বাচ্চা বয়সে। মনে হয় যেন ইশ আমিও পরাচ্ছি সানজাকে গয়না। ওরে বাবা! এ তো বিরাট ব্যাপার। খুব মজার আর কি। ভালো লাগতো খুব। এইভাবে আট দশটা গান সুর করে করে ওরা গাইবে। আমার সুরটা এখন একটু মনে আছে। তবে সঠিক হব কিনা জানিনা। হয়তো ওরা যদি শোনে কোনো সময় তাহলে বলবে তুই এখন এইরকম গান করেছিলি। তোর গান তো সঠিক হয়নি। সেই ভয় আর করছি না। আমি ওদের সাথে গলাতে সুর মিলিয়ে ভালোই সুর করে গানটা গাইতে পারতাম এবং সুরগুলো খুব সুন্দর। দিন শেষ, রাত্রি আগত। দিন রাতের এই সন্ধিক্ষণটা অসম্ভব মনোরম। সন্ধ্যা হলেই যেখানেই থাকো না কেন, বাড়ি ফেরার পালা। সারা দিনের কর্ম সমাপন। রবীন্দ্রনাথ বলেছেন, বসুন্ধরা দিবসের কর্ম অবসানে দিনান্তের বেড়াটি ধরিয়া চাহিয়া আছে দিগন্তের পানে। পৃথিবীও চেয়ে থাকেন, অপেক্ষা করেন কখন সূর্যাস্ত হয়ে সারা দিনের কর্ম সমাপন হবে আর রাত্রি নামবে। শুধু দিন রাতের ই সন্ধিক্ষণ। এইটুকুই বড় মধুর, বড় পবিত্র। তাই আমার ছোটবেলার এই অপরূপ স্মৃতিচারণ। পুজোটাও ভারি চমৎকার। মন্ত্রের বাহার নেই, জাতপাত নেই, নেই কোনো রকম আরম্ভর। একেবারে সাদাসিধে আরাধনা। মাসভর পুজো চলে। খই, মুড়ি, মুরগি, নাড়ু দিয়ে অতি সাধারণ পুজোর আয়োজন।

ছোট ছোট মেয়েরা তাদের থালা নিয়ে বসে বসে গান গেয়ে গেয়ে পুজো করে। পুজো শেষে বাচ্চারা কচোর ভরে ভোগের প্রসাদ নিয়ে বাড়িতে চলে। হাঁটতে হাঁটতে বাড়ি চলে যায় খেতে খেতে। আনন্দিত মনে। ছোটবেলায় দেখতাম এইসব। এখন আর কিছু দেখি না। এখন হয়ই না। কত সুন্দর সুন্দর জিনিস সব কোথায় যেন মিলিয়ে গেছে। কেমন যেন হয়ে গেছে পৃথিবী। আবার কি সে নতুন আগের মতন আমাদের সুন্দর পৃথিবী কোনদিন আসবে? আমি জানিনা, বলতে পারিনা। আগে কত সুন্দর সারা কার্তিক মাস ধরে আকাশ প্রদীপ হতো সব বাড়িতে বাড়িতে। উঁচু করে একটা টং সাজিয়ে তার উপরে প্রদীপ জ্বালানো হতো। সেটাকে বলা হতো আকাশ প্রদীপ। সারা বছর ধরে সন্ধ্যেবেলা কীর্তন হতো। ভোরবেলা রাস্তায় কীর্তনের প্রভাতফেরি হতো। জানিনা, আজ তো আর দেখি না। আমাদের ছেলেমেয়েরা কিছু জানতেই পারলো না। আমরা অনেক সুন্দর ভাবে জীবনটা কাটালাম। দেশ কাল পাল্টাবে সেটাই চিরাচরিত নিয়ম। পেছনে ফেলে আসা দিনগুলো চিরদিনের মতন হারিয়ে গেছে। যাবেই তো। দিনগুলো কি চিরকাল সোনার খাঁচায় বন্দী থাকে? দিনগুলি মোর সোনার খাঁচায় রইলো না। কোনোদিনই কারো দিন সোনার খাঁচায় থাকে না। থাকে শুধু অমলিন স্মৃতি ।

পুরাতন চাষি

শাহিদ চাচার চেহারাটা আমার স্পষ্ট মনে আছে। লম্বা চওড়া, কালো রং, মাথার চুল ঘাড় পর্যন্ত। এক মুখ কাঁচা পাকা দাড়ি। আমাদের বাড়িতে এসেই চিৎকার করত, ভাবি। বাবা ঘর থেকে বেরিয়ে এলে বাবাকে আদব জানিয়ে কদমবুসি করত। তারপর বলত, ভাবি কোথায়? আমার মাও ঘোমটা টেনে বারান্দাতে বেরিয়ে আসতেন। মাকে সালাম করে চাচা বাবার সঙ্গে ঘরে চলে যেত। মালদা শহরের কাছাকাছি একটা গ্রাম নাম যাত্রাডাং। সেখানে আমাদের ধান চাষের জমি ছিল। এই জমির আধিদার ছিল শাহিদ চাচা আর তার শালক গফুর চাচা। ব্যাপারটা ছিল এইরকম। জমি আমাদের, বীজও আমরাই দেব মানে বাবা দেবেন। এরা জমি চাষ করবে। জমিতে যে ধান জন্মাবে সেই ধানের অর্ধেক আমরা পাবো, অর্ধেক চাষি পাবে। হিসেবটা ছিল এইরকম। এটা ছিল বরুই ধানের জমি। এই বোরো ধানের চাল খুব শক্ত এবং মোটা। আমরা এই চাল খেতাম না। এই ধান বাবা পুরোটাই বিক্রি করে দিতেন। হরিশচন্দ্রপুরে আমাদের জমি ছিল। সেই জমিতে আমন ধানের চাষ হতো। আমরা সারা বছর সেই ধানের চাল খেতাম। তো যে কথা বলছিলাম, এই শাহিদ চাচার ব্যবহারটা এত মায়া মাখানো ছিল যে চাচাকে আমার বেশ ভালো লাগত। আর একটা কারণও ছিল সেটা বলি। যে সময়ের কথা আমি বলছি আমার

বয়স তখন বছর দশেক হবে। শাহিদ চাচা আমাদের বাড়িতে আসলেই বাবা বলতেন, "যাও তো অনি জগার দোকান থেকে শাহিদের জন্য নিমকি, সিঙ্গারা, হালুয়া, রসগোল্লা নিয়ে এসো তো মা।" বাবা একটা স্লিপ দিলেই জগা হালুয়া সব দিয়ে দেবে। তখন মিষ্টির দোকানগুলোতে পদ্মপাতা ব্যবহার করা হতো রসের মিষ্টির জন্য, আর শালপাতা শুকনো মিষ্টির জন্য। বাবা বলে দিতেন, "পদ্মপাতার উল্টো পিঠে এনো মা।

শাহিদরা সিদে পাতায় খায় না।" মিষ্টি এনে একটা টুলের ওপর রাখতাম। শাহিদ চাচা হাত-মুখ ধুয়ে পশ্চিম দিকে মুখ করে বসে আর খানিকটা পদ্মপাতা ছিঁড়ে আমাকে আর আমার ছোট্ট ভাইজিকে সেই মিষ্টির ভাগ দিত। তারপর নিজে খেত। মিষ্টি, হালুয়া, নিমকির ভাগ পেয়ে আমরা তো মহা খুশি। পরম তৃপ্তিতে খেতাম সেই খাবারগুলো। শাহিদ চাচা বাবার বিছানাতেই বসত। বাবার সঙ্গে খুব হাসাহাসি হতো। জমিতে জলসেচন, করশনের জন্য বাবার কাছ থেকে টাকাও নিত, সেটাও দেখেছি। তারপর কতদিন কেটে গেছে। পড়াশোনা, স্কুল, কলেজ, ইউনিভার্সিটির নানা ঝামেলায় আমার ছোটবেলা চিরদিনের মতো মুছে গেছে। অন্তরের অন্তঃস্থলে কোথাও বোধহয় সেই ছোট্টবেলা, সেই না ভুলে যাওয়া স্মৃতি নিশ্চয়ই করে রয়ে যায়। তা না হলে আবার মনে

পড়বে কেন শাহিদ চাচার কথা? একটা ঘটনা মনে পড়ছে। আমি প্রথম সন্তান সম্ভবা। শাহিদ চাচা এসেছিল আমাদের বাড়িতে। কি জানি কোনো কারণে হয়তো। আমিও সে সময় বাড়িতে ছিলাম। প্রথম সন্তান হবে তাই মায়ের কাছে থাকাই নিয়ম। মায়ের আদরে, আবদারে, বাবার ভালোবাসা আর দাদা, বৌদি, দিদিদের অপথ্য স্নেহে আমার যখন দিন কাটছে, হঠাৎই শাহিদ চাচার আগমন। বুড়ো হয়ে গেছে। স্বাস্থ্য ভেঙে গেছে। মাথার চুলগুলো সব সাদা। আমার নিজের প্রিয় বুড়ো বাবার মতোই শাহিদ চাচাও অতি বৃদ্ধ হয়ে গেছে। কিন্তু আমাকে দেখেই চিনতে পেরেছে। উৎফুল্ল মুখে জিজ্ঞেস করল, "ছোট্ট বেটিয়া?" আমি লজ্জা লজ্জা মুখে একটু হাসলাম। হঠাৎই চাচা জিজ্ঞেস করল, "বিটিরে কি খেতে মন লাগছে? বলো বেটি বলো।" কিভাবে যেন মনে পড়ল সেই ছোট্টবেলায় চাচা যখন আমাদের বাড়িতে আসত, সঙ্গে করে নিয়ে আসত বিন্নির খই। অপূর্ব সুগন্ধযুক্ত ছিল সেই খই। ছোট্ট ছোট্ট দানা আর ভারি সুস্বাদু। বললাম, "চাচা, বিন্নির খই খাব, বিন্নির খই।" চাচার মুখে যেন চিন্তার ছায়া পড়ল। বলল, "বিটিরে এখন তো আর এই ধান পাওয়া যায় না

কো। আচ্ছা ঠিক আছে, আমি চেষ্টা করব। তুমি ভালো থেকো।" আমি তখন আসন্ন প্রসবা। একদিন সকালে দেখি

মা আমাকে খেতে দিয়েছেন দুধ, কলা আর বিন্নির খই। সেই পুরনো গন্ধ, সেই সুস্বাদু গন্ধ, সেই সুগন্ধে আমি অবাক হয়ে মার দিকে তাকালাম। মা বললেন, "শাহিদ এসেছিল। তোর জন্য বিন্নির খই দিয়ে গেছে।" আমি আপ্লুত হলাম। আমার দু'চোখ জলে ভরে গেল। কিছুক্ষণের জন্য আমি কাবুলিওয়ালার খোকি হয়ে গেলাম।

22-7-2021

সত্যগুনি

জীবনের ছোট ছোট গল্পগুলো এখন বুড়ো বয়সে মনে পড়ে। সত্যি বলছি, ছবির মতো। ছোটবেলা থেকেই খুব গল্পের বই পড়ার নেশা ছিল। প্রচুর পড়তামও। বেশ অল্প বয়সেই শরৎচন্দ্রের শ্রীকান্ত উপন্যাসের প্রথম পর্ব পড়েছিলাম। তাতে ইন্দ্রনাথকে যেমন ভালো লেগেছিল, তেমনি খারাপ লেগেছিল শাহুজিকে। বড় বিশ্রী চরিত্রটি। কেবল অন্নদা দিদিকে কষ্ট দিত বলেই না, শাহুজিকে ভীষণ বাজে লেগেছিল সাপ নিয়ে ধান্দাবাজি করত বলে। তো কী হয়েছে? আমাদের পাড়ার পাশে সত্যগুনি বলে একটি মানুষ বাস করত। সে ব্যক্তিটি ছিল একদম শাহুজির মতো দেখতে। এই সত্যগুনির কারবার ছিল সাপ নিয়ে। আমি তখন সম্ভবত ফাইভে পড়ি। এই সত্যগুনি নাকি আমাদের স্কুলের দিদিমণির বাড়ি থেকে আট দশটা গোখরো সাপ বার করেছিল। এই কথাটা আমাদের সবার মুখে মুখে ঘুরত স্কুলে। কোন বাড়ির আনাচে কানাচে সাপের বাসা থাকলে সত্যগুনি নাকি গন্ধ পেত এবং ঠিকই সেই বাড়ি থেকে সাপ বেরোত। সত্য মিথ্যে জানি না বাবা।

সত্যগুনির চেহারাটা ছিল ছোটখাটো, রোগা পাতলা। বয়স হয়তো হবে পঞ্চাশ পঞ্চান্ন এরকম। হাঁটু পর্যন্ত ধুতি পরা, গায়ে সাদা ফতুয়া, মাথার চুল ঘাড় পর্যন্ত আর মুখে কাঁচা পাকা দাড়ি। প্রায় স্কুলে যাবার সময় দেখতাম বড় রাস্তার গলির মুখে ভবেশের চায়ের দোকানের সামনে সাপের ঝাঁপিটা নিয়ে সত্য বসে থাকত। তখন ভবেশদার চায়ের দোকান রমরমা। সব সময় ঘন দুধ দিয়ে চা হচ্ছে। বিকেলে মাংসের সিঙ্গারা, কষা পাটার মাংস ইত্যাদি। আমরা ভবেশদার দোকান থেকে পাউরুটি কিনতে যেতাম। তখন কাটা পাউরুটি পাওয়া যেত না। আমরা গোটা এক পাউন্ড পাউরুটি কিনতাম। ভবেশদার দোকানে তখন একটা জিনিস পাওয়া যেত। পাউরুটির মোটা স্লাইসের উপর মোটা দুধের সর মাখিয়ে

মোটা চিনির দানা ছড়িয়ে দেওয়া। সেটা খেতে খুব ভালো লাগত। সে সময় গুনিকে দেখতাম বসে আছে। পা ছড়িয়ে নয়তোবা চুপচুপ করে চা খাচ্ছে। কখনো কখনো নাকি সাপ কে চা খাওয়াত। তবে আমার ভাগ্যে সেই দারুণ দৃশ্য জোটেনি। সত্যর সাথে কথা বলারও ইচ্ছে ছিল। না সেটাও কোনোদিন হয়নি। তবে সত্যগুনিকে চিন্তাম আরেকটা কারণে, আমার মেজদার সাথে সত্যগুনির খুব পরিচয় ছিল। আমাদের সব ভাইবোনদের মধ্যে মেজদা ছিল সবথেকে সাহসী। খুব অ্যাডভেঞ্চারের শখ ছিল। মেজদার সঙ্গে গুনির পরিচয় কিভাবে হয়েছিল আমরা জানি না। একদিন সকালে গুনি আমাদের বা-বাড়িতে এসে হাজির। আমার বাবাকে পাড়ার সকলে বাবু বলত। তাই চট করে যে কেউ আমাদের বাড়িতে আসতে সাহসই পেত না। বাড়িতে সত্যগুনিকে দেখে মা তো অবাক! গুনি খুবই বিনীত মুখে মাকে জিজ্ঞেস করল, দেবু বাবু আছেন কি মা? তারপর মেজদার কাছ থেকে কিছু টাকা চেয়ে নিয়ে গিয়েছিল। সেদিন মেজদাকে বেশ বকুনি দিয়েছিলেন মা। দেবু আমি যেন সত্যগুনিকে আর এই বাড়িতে আসতে না দেখি। মেজদা বলল, খুব অভাবে আছে মা লোকটা। কিছু টাকা চাইতে এসেছিল। মা বললেন, সে ঠিক আছে। তবে এর কিন্তু খুব সুনাম নেই। অনেকে বলে, এ নাকি খুনি। খুন করে ভিন্ন রূপ ধরে আছে। মেজদা বলল, ঠিক আছে মা। আর কখনো আমি ওর সঙ্গে কথা বলব না। মনে মনে আমি লাফিয়ে উঠলাম। আরে! তাহলে তো শাহুজির সঙ্গে একদম মিলে যাচ্ছে। শাহুজি খুন করেছিল অন্নদা দিদির বিধবা বোনকে। মানে, তার নিজের শালিকাকে। আর সত্য কাউকে খুন করেছে। আমার মনে হলো মা নিশ্চয়ই জানে সত্য কাকে খুন করেছে। আমি আর উৎসাহ চাপতে পারলাম না। আস্তে আস্তে মাকে জিজ্ঞেস করলাম, মা ও মা সত্য কাকে খুন করেছে? মা এইটুকু বাচ্চার মুখে এই কথা শুনে একেবারে অবাক। সে কি কথা? আমি কি করে জানব? সবাই বলে তাই শুনি। তুমি একটা ছোট্ট মেয়ে। তুমি এসব শ্যালিকাকে কথার মধ্যে একদম থাকবে না। বুঝলে? যত না অপমানিত

হলাম, তার থেকে উৎসাহে ভাঁটা পড়ল বেশি। উফ! রহস্যটা জানা গেল না। হঠাৎই একদিন আমার মামাতো ভাই দীপু ছুটতে ছুটতে এসে বলল, শিগগিরি চল দেখবি তো। সত্যগুনি বাচ্চুদের বাড়ি সাপের খেলা দেখাচ্ছে।

বাচ্চুদের বাড়ি আমাদের বাড়ির পাশের বাড়িটা। হন্তদন্ত হয়ে গিয়ে দেখি সত্যি তাই। উঠানের মধ্যে ঝাঁপি খুলে সত্য সাপ বার করছে। পাড়ার অনেক ছেলেমেয়েও আছে। একটু দূরে নখ কামড়াতে কামড়াতে ভয় ভয় চোখে দেখতে লাগলাম গুনি কি করে। প্রথমে একটা কাপড় পেতে দিল উঠোনে। তারপরে একেবারে সাক্ষাৎ গোখরো সাপ বার করল ঝাঁপি থেকে। প্রথমে সাপটা ঠান্ডাই ছিল। গুনির ভেপুর তালে তালে না শয়তান হয়ে উঠল। মাথা দুলিয়ে দুলিয়ে কি করছে রে বাবা! বারে বারে গুনিকে কামড়াতে আসছে, আর গুনি ওকে বাঁ হাতের সাহায্যে নিরস্ত্র করছে। সাপটার মাথায় কৃষ্ণের পায়ের ছাপও মিলে গেল। কেবল হীরক খন্ডটা দেখতে পেলাম না। রাণুদির কাছ থেকে টাকা নিয়ে সভা শেষ করে গুনি সেদিন চলে গিয়েছিল।এরপর বেশ কিছু দিন কেটে গেছে। পড়াশোনার চাপ, তার সঙ্গে আছে খেলাধুলা আর নানা রকম যেমন আমার মাসতোতো বোন ছন্দার সঙ্গে পুতুল খেলাও তো। তাই পাড়ায় কী ঘটছে না ঘটছে জানবার সময়ই থাকত না। সেদিন ছিল রবিবার। হঠাৎই খবর এল সত্যকে নাকি সাপে কেটেছে। সাক্ষাৎ গোখরো। ওরই পোষা গোখরো। তা ওরই পোষা গোখরো যে ওকে কামড়াবে এটা যেন স্থিরীকিতই ছিল। মা বললেন, "আমি জানতাম এই রকমটাই ঘটবে। সাপের যারা গুণিন হয় তারা সাপের কামড়েই মরে।" আমি সন্দেহের দৃষ্টিতে মায়ের দিকে তাকালাম। মা সব জানে। কিন্তু মা আগে থেকে কেন কিছু বলে না? পাড়ার মধ্যে গুণিন এখন কোথায় জানতে পেরেই ভবেশদার দোকানে দৌড় লাগালাম। গিয়ে দেখলাম গুণিনকে পাড়ার ছেলেরা গলির মধ্যে বাড়ির রোয়াকে এনে রেখেছে। অনেক লোকের ভিড়। একপাশে গুণিন কেঁতরে পড়ে রয়েছে। সত্য নাকি চা খাচ্ছিল। এমন সময় একটা গহমা মানে গোখরো ঝাপিটা থেকে বেরিয়ে এসে বড়

রাস্তায় উঠে পড়ে। কাউকে কামড়ে দেবে এই ভেবে সত্য গুণিন নাকি ছুটে এসে বা হাতে সাপটাকে ধরা মাত্রই সাপটা ওর হাতে কামড়ে বিষ ঢেলে দিয়েছে। সত্যর হাতে সব সময় যে জরি বুটির বালাটা পরা থাকত সেটা নাকি পরা ছিল না। তাই সত্য বাঁচবে কিনা বলা যাচ্ছে না। পাড়াতে প্রচুর ভিড়। লোকে লোকারণ্য। পাড়ার ছেলেরা কেউ বলল সত্যদা তোমার জরি বুটির বালাটা কোথায় গো? বলো না নিয়ে আসি। কেউ কেউ

বলল অন্য গুণিনকে ডাকো ভালো করার জন্য। তা অন্য গুণিনও এল। পাড়ার ছেলেরা তদারকি করতে লাগল। ঝাড়ফুঁক চলছে। আমরাও দাঁড়িয়ে আছি তো দাঁড়িয়েই আছি। এর মধ্যে সত্যর অবস্থা আরও খারাপের দিকে গেল। হঠাৎ দেখি দলবল নিয়ে আমার মেজদা। কিভাবে যেন খবরটা পেয়ে ছুটে এসেছে। মেজদাকে দেখেই সত্য গুণিন আঁকিসুরে বলে উঠল, "দেওয়াও আমাকে বাঁচান। এরা আমাকে মেরে ফেলবে। আমাকে হাসপাতালে নিয়ে চলো না। আমায় সাপে কেটেছে। আমায় অ্যান্টি ভেনম দিতে হবে। এ সমস্ত হচ্ছে বুজরুকি।" মেজদাও পাড়ার ছেলেরা মিলে গুণিনকে হাসপাতালে নিয়ে গেল। কিন্তু শেষ সময়। ডাক্তার অ্যান্টি ভেনম ইনজেকশনও দিয়েছিলেন। কিন্তু গুণিনকে বাঁচানো গেল না। গুণিন মৃত্যুর কোলে ঢলে পড়ল। বাড়িতে সবার মন খারাপ। মেজদার সব থেকে বেশি। মা মেজদার মাথায় হাত বুলিয়ে বললেন, "সত্যকে কি দাহ করা হবে দেবু?" মেজদা চুপ করেই রইল। বাবা বললেন, "না, দাহ করা হবে না। খবর পেলাম কলা গাছের ভেলা করে মহানন্দার জলে ভাসিয়ে দেওয়া হবে। সাপে কাটলে এরকম ভাসানোই নাকি নিয়ম।" ব্যাপারটা আমার খুব খারাপ লাগল না। চাঁদ সদাগরের গল্পটা পড়েছি। ভালোই তো। কোন বেহুলা যদি ওকে স্বর্গে নিয়ে যায়।

ইলিশ মাছ তুমি কোথায়?

কবি ঈশ্বর গুপ্তের একটা কবিতা পড়েছিলাম তোপসে মাছের উপর লেখা। ভারী মজার কবিতাটা। কিন্তু ইলিশে মাছের রাজা ইলিশ নিয়ে তেমন লেখা কিছু পড়েছি বলে খুব একটা মনে পড়ে না। অথচ ইলিশ মাছ খেতে ভালোবাসে না এমন লোকের সংখ্যা কিন্তু সংসারে বিরল। ইলিশ মাছের গন্ধ যারা সহ্য করতে পারে না তারা কিন্তু আবার ইলিশ মাছ খায় না। অনেকে আবার কাঁটার ভয়েও খায় না। অনেকের কাছে আবার ইলিশ মাছ জীবনের শ্রেষ্ঠ মাছ। কবি জীবনানন্দ দাশ যদি বাংলায় জন্মগ্রহণ করেন প্রকৃতির জন্য তাহলে ইলিশ প্রেমীরা জন্মগ্রহণ করবেন ইলিশ মাছ খাওয়ার জন্য। আমি যেহেতু ছোট্ট একটা শহরে জন্মগ্রহণ করেছি। আমার কিন্তু সেই জন্য ইলিশের উপর প্রচণ্ড একটা প্রীতি আছে। আরেকটা কারণে সেটা হচ্ছে আমাদের শহরের খুব কাছ দিয়েই গঙ্গা নদী বয়ে চলেছেন। আর গঙ্গা নদীর ইলিশ তো খুবই ভালো খেতে। কাজেই বাড়িতে প্রচুর ইলিশ মাছ আসতো। আর ছোট নদীমাতৃক দেশে আমার জন্ম। তোপসে, ভেটকি, টুনা এসব মাছ তেমন ছোটবেলায় খাওয়া হতো না। আমরা যেগুলো খেতাম প্রচুর বড় বড় ছোট চিংড়ি, কুচো চিংড়ি, কাদা চিংড়ি, রুই, বড় বড় রুই, কাতলা আর বোয়াল, বড় বড় চিতল মাছ, কই, মাগুর, খয়রা, পুঁটি এসব মাছ প্রচুর খেতাম। আর বাড়িতে অপর্যাপ্ত আসতো কারণ আমাদের সংসারটাই ছিল বড়।

সেই জন্য যখনই মাছ আসতো কখনোই একটা মাছ আসতো না। দুটো ইলিশ মাছ আসতো। আর ইলিশ মাছ দেখতে কি সুন্দর তাই না? রুপোর মতো চকচকে ভারী পরিষ্কার পরিচ্ছন্ন মাছটা। খাওয়া আর দেখা দুটোই ছিল মজার। সরস্বতী পূজো দিন, রথযাত্রা, পয়লা বৈশাখ এবং বিজয় দশমী। এগুলোতে আমাদের বাড়িতে সব সময় জোড়া ইলিশ আসতো। মা ভক্তিভরে ইলিশের পুজো করতেন তেল, হলুদ, সিঁদুর মাখিয়ে,

ধান ধূপ দিয়ে সেই সিঁদুরের টিপা আবার সবাইকে পরানো হতো। মা যে কত রকম ইলিশ মাছের রান্না জানতেন আমি বলেই শেষ করতে পারব না। মুকি কচু দিয়ে ইলিশ মাছ, বেগুন আলু, কালো জিরে দিয়ে ইলিশ মাছ, ইলিশ মাছের পাতলা কাঁচকলা দিয়ে ঝোল, জিরে বাটা দিয়ে ইলিশ মাছ, ভাপা ইলিশ, ভাতে ইলিশ, দই ইলিশ, লঙ্কা বাটা ইলিশ, কচু শাক ইলিশ, চাল কুমড়ো ইলিশ, ইলিশের মাথা দিয়ে লাউ দিয়ে কাটা চচ্চড়ি, পুঁই শাক দিয়ে ইলিশ, ইলিশের ডিম আর তেঁতুল দিয়ে ইলিশের বাসি ইলিশ মাছের টক। সব ছিল সকলের ফেভারিট। নানা রকম পদ। আর আমার শ্বশুরবাড়িতে ওরা খুব একটা ইলিশ মাছের পদ খেত না। ওরা বেশিরভাগই খেত ভাজা ইলিশ আর ইলিশের ডিম ভাজা। সেজন্য আমি বিয়ের পর অনেক সময় এই মায়ের রান্নাগুলো মিস করতাম। মা আবার আমাদের বাড়ির রান্নার ঠাকুরকেও এই সমস্ত নানা রকম ইলিশের পদ শিখিয়ে দিয়েছিলেন। আর সেও তখন খুব ভালো রান্না করত। বাবা একটা ইলিশ রান্না করত ভারী সুন্দর। সেটা হচ্ছে সর্ষের তেল, ঘন সর্ষের তেল আর ঘন করে বাটা ঝাঁঝালো সর্ষে বাটা, হলুদ লঙ্কা বাটা দিয়ে মাছগুলোকে বেশ করে মেখে নিয়ে বাবা ইকমি কুকারে সেগুলো বসিয়ে দিতেন।

বাবার একটা পুরনো ইকমি কুকার ছিল। তামার ইকমি কুকার আর ভেতরের বাটিগুলো বোধহয় সম্ভবত তামার ছিল। আমার এখন আর সঠিক মনে নেই। সেটাতে বাবা বসিয়ে দিতেন তিন বাটি ভর্তি ইলিশ রান্না করতেন বাবা। আর সারা বাড়িতে কি অপূর্ব সেই ইলিশ মাছের ভাপের গন্ধ। কিন্তু আশ্চর্যের মজার ব্যাপার ছিল যে যখন ভাত খাওয়া হতো তখন একটাও আর ইলিশ মাছ সেখানে থাকত না বাটিতে। সবাই টেস্ট করে করে না ইলিশ মাছ শেষ করে দিত। রান্নার পর বাটিতে বা কুকারের বাটিগুলোতে শুধু লঙ্কা আর ঝোল পড়ে থাকত। বাবা একটাই রান্না জানতেন কিন্তু একটা রান্নাতে বাবা ছিলেন পিএইচডি। এখন তো ইলিশ মাছের অনেক নকল বেরিয়ে গেছে। মেয়ের বাড়িতে যখন থাকি

তখন দু-একবার নকল ইলিশ খেয়েছি। ওরাও খুব ইলিশ খায়। আমার জামাই মেয়ে দুজনেই ইলিশ ভক্ত। বাচ্চারাও ভালো ইলিশ খায়। ছেলের বাড়িতেও প্রচুর ইলিশ খাই। ওখানেও নকল ইলিশ খেয়েছি। সাউথের দিকে আসলে বেঙ্গালুরু এবং হায়দ্রাবাদে নকল ইলিশের চলটা বেশি। কাবেরীতে একরকম বোধহয় ইলিশের চাষ হয়। সেটা গঙ্গার ইলিশের মতন খেতে না।

কাজেই এই ইলিশ খেয়ে কোন আ-আনন্দ পাওয়া যায় না। কিন্তু তার দামও খুব কম নয়। আগের যুগে ইলিশের কি বা দাম ছিল? ব সারা বর্ষাকাল প্রত্যেকের বাড়িতে দুটো তিনটে চারটে করে ইলিশ আসত। অসময়েও ইলিশ পাওয়া যেত। আর ইলিশের দাম কিচ্ছু ছিল না। আর যদি আমার বাবা এবং শ্বশুরশাশুড়ি বেঁচে থাকতেন তো ইলিশের দাম শুনে আর বেঁচে থাকার তাদের স্বাদ যাত না। তা নইলে মাছওয়ালাকে ধরে পেটানি দিতেন। সেসব কথা ভাবলে ভীষণ মজা লাগে। যাই হোক, আমার ইলিশ মাছের একটা স্মৃতির কথা আমি না বলে পারছি না। সেটা হচ্ছে যে, আমি তখন খুব নিচু ক্লাসেই পড়ি। মনে হয় ফাইভ কি সিক্স এরম হবে। আ, হ্যাঁ, সিক্স মনে হয় সিক্স। তো মা আ বাবার সাথে কলকাতায় গিয়েছেন। আ, মার একটা কোনো মেজর অপারেশন হবে। দাদারা বেশিরভাগই তো হোস্টেলে পড়াশোনা করত।

কাজেই তারাও বাড়িতে খুব একটা ছিল না। ছোড়দি তখন লেডী ব্র্যাবোর্ন পড়ে । বৌদিও বাপের বাপের বাড়িতে গেছেন কলকাতায় ভবানীপুরে। আর যে রান্নার ঠাকুর ছিল তারা মাধুবনী, দারভাঙ্গা মাধুবনী এইসব জায়গার লোক ছিল। ওরাও কোন কাজ এটা যে বোধহয় ছুটি টুটিতে ছিল। আর বাড়িতে আমরা খুব কমজনই ছিলাম। মেজদি তখন বাড়ির সর্বময় কর্তা। ওই রান্না টান্না করত। আবার সে তখন আমার স্কুলেরও টিচার। মেজদিকে তখন আমি একটু ভয়ই পেতাম। মেজদি যেহেতু রান্না করত এবং কি অবর্ণনীয় খারাপ সে রান্না! সে

আর বলে বোঝাতে পারব না। রান্নাটা ছিল এইরকম। এক কড়া জল, তেল এবং হলুদ বোধহয় দেওয়া হত। কারণ তেল পেতাম রান্নাটাতে। তার মধ্যে ইলিশগুলো ছাড়ত। এক গলা জলে তারা রান্না হচ্ছে, ফুটেই যাচ্ছে। নুন থাকত কিনা মনে নেই। গোটা কত কাঁচা লঙ্কা বোধহয় ফেলে দিত মেজদি। আর ওই স্কুল যাওয়া আর মেজদিও তো স্কুলে যেত আমারই সঙ্গে। কারণ ও তো আমার টিচার ছিল।

সে সময় কোন রকমে ও একটা রান্না পাকাত। এই একটা ইলিশের রান্না। আর ভাত ফাত কিছু একটা হ্যাঁ ভাত তো করত। খেতে বসে না ওয়্যাক আসত। কিন্তু কিছু বলবার উপায় নেই। প্রথমত তো মেজদিকে ভয় পেতাম। আর দ্বিতীয়ত মেজদি হচ্ছে টিচার। তারপর বাড়িতে মা বাবা কেউ নেই। দাদা দিদিরা তো বেশিরভাগই হোস্টেলে। বড়দা ছিল। বড়দা সেই রান্না গলাধঃকরণ করছে। অতএব আমি আর কি বলব? আমার কিছু বলার আর ক্ষমতাই ছিল না। তবে সকাল বিকেল ওই একই জিনিস খেতাম দিনের পর দিন। বাপরে বাপ! সে একটা দিন গেছে। তখন ইলিশের উপর আমার এত ঘেন্না এসে গেছিল যে কি বলব। তারপরে মা আসার পর আবার আস্তে আস্তে আমার ইলিশের উপরে আস্তে আস্তে ভক্তি আসতে লাগল। এই হচ্ছে ইলিশ খাওয়ার ব্যাপার। এই মেজদি নামক দিদিরা যতটা বাইরে কঠোর ভেতরে কিন্তু খুবই নরম। কারণ পরে ও অনেক সময় আমাকে আদর টাদর করে বলত, "দেখ আমার তো সময় হয় না। কি করব বল। কোন রকমে চালিয়ে যাচ্ছি।" আমার মেজো ননদকেও আমি মেজদি বলতাম। তার বাড়িতেও যখন তখন আমরা দুপুরবেলা চলে যেতাম ভাত খাওয়ার আগে। তো দেখতাম বেশি হেলদোল নেই। ইলিশ মাছ রান্না হয়েছে গ্যাসের উপর। সেই এক কড়া জল ফুটছে। তার ভেতর বেগুনগুলো মাথা তুলে তুলে আছে। ইলিশও দেখা যাচ্ছে। গ্লাস গ্লাস জল সেই গ্যাসের কড়ায়ের মধ্যে ঢালা হচ্ছে। ইলিশ কোথায় যে মাথায় ডুবিয়ে বসে আছে খুঁজে পাওয়া যেত না। আর টেস্ট যা হত সেই রান্নার, ওই আমার মেজদির মতোই টেস্ট হত। যাই

হোক, দুপুরবেলা লেবু টিপে সেই ভাত খাওয়া হয়ে যেত হাপুস উপুস শব্দে। হ্যাঁ, পেট একেবারে ঠান্ডা। সকলে খাওয়ার সময় বলত, "আহ! উফ! মা মেজদি হাতের মাছের ঝোল খেয়ে পেট ঠান্ডা হয়ে গেছে।" আজ ভাবতে কষ্ট লাগে। মেজদিরা ছোড়দি কেউই আর পৃথিবীতে নেই। সবাই চলে গেছে। আমার স্বামীও এই পৃথিবীতে নেই। সবার স্মৃতি আজ বেশি করে মনে পড়ছে। আর কি বলব? মনে মনে ভাবছি যে ঘটিদের মাথা খুব ঠান্ডা কিন্তু পেট গরম। কাজেই ওরা এই ইলিশের ঝোল খুব ভালো খেত। তবে হ্যাঁ, স্মৃতিগুলো ভীষণ মধুর। স্মৃতিগুলো চিরকাল আছে থাকবে। ইলিশের রান্নাগুলোও ভুলবার নয়। কাজেই স্মৃতি সব সময় সুখের। দুঃখের হোক, হ্যাঁ, দুঃখের তো বটেই। সুখ আর দুঃখ মিলেমিশে একাকার। এই আমার ইলিশের স্মৃতি।

Ahana

গরুমারা পিকনিক

ডিসেম্বর মাসের শুরু থেকেই ইউনিভার্সিটিতে পিকনিক পিকনিক রব শুরু হয়ে গেল। আমরা পঞ্চম বর্ষের ছাত্রী। সদ্য সদ্য ইউনিভার্সিটিতে ভর্তি হয়েছি। হোস্টেলে সবার সঙ্গে সবার পরিচয়ই ভালো করে হয়নি। ষষ্ঠ বর্ষের দিদিরা এখনও আমাদের অল্পবিস্তর র‍্যাগিং করে যাচ্ছে। সেসব সামলিয়ে নিজেদের বর্ষের বন্ধুদের সঙ্গে ভালো করে ভিত তৈরি করতে না করতেই পিকনিক চলো। সব ডিপার্টমেন্টেরই পিকনিক শুরু হয়ে গেছে। কারণ বেশি শীত পড়লে অনেকেই নিজেদের বাড়ি চলে যায়। তখন বেশ কিছুদিন হোস্টেল অনেকটাই ফাঁকা। যাদের বাড়ি দূরে তারাই কেবল থাকে। হোস্টেলে বেশিরভাগই জলপাইগুড়ি, শিলিগুড়ি, দার্জিলিং, কার্শিয়াং, সিকিমিজ, নেপালি ও চা বাগানের মেয়েদের প্রতিপত্তি। মালদা, কুচবিহার, দিনহাটা, বালুরঘাট, রায়গঞ্জের মেয়েদের তেমন পাত্তা নেই। প্রথমেই আমার ভাব হয়ে গেল দার্জিলিংয়ের অনুভার সঙ্গে আর কার্শিয়াংয়ের শোভার সঙ্গে। বিজয়া, মঞ্জুশ্রী এরা একমাস পর থেকে হোস্টেলে এসেছে। আমার কলেজের প্রিয় বন্ধু কৌশিকী আর আমি এক রুমেই থাকি। আমাদের সাবজেক্টও বাংলা। ষষ্ঠ বর্ষের দাদা দিদিরাই ঠিক করল কোথায় কোন স্পটে পিকনিক হবে। আমাদের কোনো কথা বলাই সাজে না। কারণ আমরা নবীন, সদ্য আগত। পয়লা জানুয়ারি খুব সকালে তিনখানা লরিতে আমরা রওনা হলাম। আমরা আমাদের মতন একটা লরিতে, দাদা দিদিরা অন্য লরিতে এবং স্যাররা তাদের মতন মালপত্র, বেয়ারা সমেত। ভীষণ ঠান্ডা। প্রচুর শীত বস্ত্র গায়ে। তার সঙ্গে সাজের বাহারও আছে আমাদের। আমরা পিকনিকের উদ্দেশ্যে রওনা হলাম হই হই করে। আজ প্রচুর পিকনিক পার্টির দল বিভিন্ন ডিপার্টমেন্টের দলে দলে বিভিন্ন দিকে চলেছে। আমরা চলেছি গরুমারা ফরেস্টে। তখন গরুমারা ফরেস্টের এত নামডাক ছিল না। এখন তো

অনেক মুভির শুটিং স্পট এটা। তখন হয়তো প্রাকৃতিক সৌন্দর্য অনেক বেশিই ছিল। আহ যাত্রা শুরু হল। আমি, কৌশিকী, ঝর্ণা, প্রতিমা, রিনা, কেকা, বকুল, শেফু লরির সাইডে বসে বসে খালি পেটে কমলালেবু খেয়ে যাচ্ছি। আর শীত সহ্য করতে করতে একটা অভ্যেস হয়ে গেল। তার ওপর রোদও উঠল। বেলা বাড়তে বাড়তে পাহাড়ের অপার সৌন্দর্য চোখে পড়তে লাগল। আহা! কি রূপ, কি মহিমা! সবকিছু ভুলে পাহাড় দেখতে লাগলাম। উঁচু নিচু পাহাড়ি রাস্তা। কখনো কুয়াশা, কখনো রোদ যেন পাহাড়ের লুকোচুরি খেলা। পাহাড়ের ভালো করে ঘুম ভাঙার আগেই আমরা পিকনিক স্পটে পৌঁছে গেলাম। প্রায় দুঘন্টার জার্নি। অন্য দুটো লরি আগেই

এসে গেছে। বেয়ারারা স্যারেদের তত্ত্বাবধানে উনুন জ্বালিয়ে চায়ের জল বসিয়ে দিয়েছে। আর একটা উনুনে আলুর চপ ভাজা হচ্ছে। একপাশে লুচি ও তরকারির ব্যবস্থা চলছে। পিকনিক স্পটটা অসাধারণ। চারিদিকে পাহাড়, জঙ্গল আর সবুজের শ্যামলীমা। অপূর্ব এক ছোট্ট পাহাড়ি নদী পাহাড়ের ঢাল বেয়ে বেয়ে তীব্র গতিতে নিচের দিকে ছুটে চলেছে আর বিশাল এক জলধারা সৃষ্টি করেছে। সবাই বলল, নদীটা এখন দেখতে ছোট্ট বটে। তবে কখন যে অফুরন্ত জলধারা নিয়ে খরস্রোতা হয়ে উঠবে কে বলতে পারে? পাহাড়ি নদী নাকি এইরকমই হয়। সবাই ছড়িয়ে ছিটিয়ে রয়েছি। আমরাও তাই রয়েছি। সবার হাতেই এসে গেল চা আর জল খাবারের প্লেট। খুব খিদেও পেয়েছে আমাদের। আমি বন্ধুদের হাঁক দিয়ে একটা উপলখণ্ডের উপর জুত করে বসলাম। সামনে খাবার আর চারপাশের মনোমুগ্ধকর দৃশ্য। একটু দূরে দেখছি দাদা দিদিরা নিজেদের মধ্যে খুব মজার গল্পে মশগুল। কোথাও ঝগড়া লেগেছে, কোথাও হয়তো চলছে মিষ্টি প্রেমের ফাঁদ পাতা। আবার কোথাও গানের লড়াই। আমরা খুকুমনিরা খাবার দিকটাতেই গেলাম। টকবক করে বড় ডেচকিতে পাঁঠার মাংস ফুটছে। একটা উনুনে বিরাট ভাতের হাঁড়ি, পাশেই বেগুনি বেগুনির আয়োজন চলছে বেসন সহযোগে। একপাশে

প্রচুর আলু, কপি, টমেটো অর্ধকাটা অবস্থায় পড়ে আছে। চাটনিটাও বাকি। খাবার এখন অনেক দেরি। অতএব ছবি টবি তুললে হয়। ওরে ভাই ক্যামেরা কার কাছে আছে? তখন ক্যামেরা যার কাছে থাকত সে তো রীতিমতো হিরো। যাক একজনকে পাওয়া গেল যার কাছে ক্যামেরা আছে। ভাগ্যক্রমে সে আবার আমাদেরই ব্যাচমেট। প্রথমে একটা গ্রুপ ফটো তোলা হলো। দূরে দেখা যাচ্ছে পাহাড়ি সারি। সেসব পাহাড়ের গায়ে সিঁড়ি কেটে কেটে ধান বোনা হয়েছে। নাকি অন্য ফসল? ভারী চমৎকার লাগে দেখতে। একজন বলল ধান। আরেকজন বলল সবজি। কেউ বলল মনে হয় ফুল, ব্রহ্মকমলও হতে পারে। সঙ্গে সঙ্গে আমি প্রতিবাদ করলাম। কারণ ব্রহ্মকমল সম্বন্ধে আমার কিঞ্চিৎ ধারণা আছে।ব্রহ্মকমল এত কম উচ্চতায় জন্মায় না। পাহাড়ের সর্বোচ্চতায় এই ফুল জন্মায়। এই ফুল দেবতার পায়ের জন্য নির্দিষ্ট। পাহাড়ের মানুষেরা এই ফুলকে খুবই সম্মান করে। আর এই ফুল তো লাগাবার দরকার হয় না। আপনিই জন্মায়। কে একজন বলে উঠল, এই চল যাবি পাহাড়ের সিঁড়ি বেয়ে ওখানে। বেশ মজা হবে কিন্তু। অল্প বয়সটাই হচ্ছে হুজুগের বয়স। যা ভাবা তাই কাজ। আমরা আট দশ জন ছেলেমেয়ে তক্ষুনি রাজি হয়ে গেলাম। ছুট লাগালাম সকলে। ঝোপঝাড় ভেদ করে উপরে উঠছি তো উঠছি। ওখানে আমাদের পৌঁছোতেই হবে। কে কার আগে ওঠে এখন সেটাই দেখার। প্রথমে বুঝতে পারিনি এক একটা সিঁড়ি থেকে আরেকটা সিঁড়ির উচ্চতা এতটা। বেশ ফাঁকা আছে। একজন আরেকজনকে হাত ধরে টেনে তুলছে। হো কি অকল্পনীয় উৎসাহ! জাস্ট কতগুলো পাগল ছেলেমেয়ে দৌড়চ্ছে সীমাহীন উন্মাদনা নিয়ে। এরপর আর পারা যাচ্ছে না। আমরা সবাই হাঁপাতে হাঁপাতে একটা সিঁড়ির উপর বসে পড়লাম। কত উপরে উঠে এসেছি এবার বোঝা গেল। দূরে অনেক নিচে আমাদের পিকনিক পার্টি দেখা যাচ্ছে জাস্ট পিঁপড়ের দলের মতো। কথা বলার ক্ষমতা আর কারোর নেই। মনে হচ্ছে চারিদিকে আলোও যেন ম্লান হয়ে আসছে। পাহাড়ে আসলে খুব তাড়াতাড়ি সন্ধ্যা নেমে আসে। প্রকৃতির অপূর্ব অপরূপ সৌন্দর্য যখন কেবলমাত্র চোখ মেলে দেখছি সেই সময়ে অমল বলে উঠল, ওরে এই সময় যদি বাঘ আসে। একটা মাত্র শব্দ বাঘ। আর কোনো কথা

নেই। যে যেভাবে পারলো দৌড় লাগালো। একটা পাহাড়ের সিঁড়ি থেকে আরেকটাতে অবলীলায় লাফাচ্ছে। এমনকি কে যে আগে কে যে পারে তা পর্যন্ত দেখার সময় নেই। কাঁটা দিচ্ছে গায়ে। ওরে পালা রে পালা পালা। বাঘের পেটে যেতে পারব না। কিভাবে আমরা দৌড়ে নিচে এলাম জানিনা। এমনকি সবাই এসেছি কিনা তাও দেখার সময় নেই।

চাচা আপন প্রাণ বাঁচা। কারো জুতো ছিঁড়ে গেছে। কারোর পা কেটে গেছে। কারোর পায়ে কাঁটা ফুটে গেছে। যাচ্ছে তাই অবস্থা। নিজেদের সামলানোর আগেই স্যারেদের সামনে পড়ে গেলাম আমরা সদলবলে। কি ব্যাপারটা কি তোমাদের হ্যাঁ? সবাই তোমাদের খুঁজছে। ফিফথ ইয়ারের ব্যাচ বসে গেছে খেতে। এখানে কি তোমরা এক্সপিডিশন করতে এসেছ? আজ তোমরা খাবার পাবে না। পাবো না তো পাবো না। বইই গেছে। আমরা কজন গোঁজ মুখে বসে আছি। কানে ভেসে আসছে আমাদের অন্য ক্লাসমেটদের কথা। আহা হা মাটনটা যা হয়েছে না। মার মার কাট কাট। তার সঙ্গে চাটনিটা একেবারে জমে গেছে। আমাদের মুখে কিন্তু কোন দুঃখ নেই। কত বড় বিপদের হাত থেকে বেঁচে এসেছি। খাওয়া সেখানে তো তুচ্ছ। তা না হলে এতক্ষণে বাঘের পেটে বেগুন বেচতে হতো। পাত পাড়া হচ্ছে। বেয়ারাদের সঙ্গে আমাদেরও খেতে বসতে বলা হলো লাস্ট ব্যাচে। এসো গো সবাই। তেনজিং নোরকের দল বসে পড়ো। কি কথার ছিড়ি! ছিহ। ঠান্ডা ভাত, ভদকা গন্ধযুক্ত ফুলকপির তরকারি, নেটানি ঘেটানি শেষের দিকের হাড় চর্বিযুক্ত ঠান্ডা খাসির মাংস এক এক করে ধপ ধপ করে পাতে পড়তে লাগল। মাংসের সাথে এক সমুদ্রের চাটনি। ছিহ এটা মানুষের খাবার। কেউ একজন এলো না পর্যন্ত বলতে ভালো করে খাও। খাওয়ার ব্যাপারে আমি চিরদিনই খুব ডিগনিটি মেইনটেইন করি। এই অপমানের খাওয়া আমার পেটে হজম হবে না। নিগুজি করেছে। উঠে পড়লাম পাত ছেড়ে। কনকনে নদীর জলে হাত মুখ ধুয়ে নিলাম। ওমা সামনের কৃষ্ণা দি কি বকাটাই না দিল। ওরে এই নদীর জলে তোরা হাত মুখ ধুলি! জানিস না ওই জল রেডিওঅ্যাকটিভ ওয়াটার। তোদের মূর্খামি যে কবে যাবে। মনে হলো কৃষ্ণা দি কে বরফ জলে চুবাই। এই ফাঁকে তৃপ্তি কোনচুলো থেকে দশ

বারোটা লেডি কে নি চুরি করে নিয়ে এল। খেয়ে নে, খেয়ে নে এক একটা করে। নইলে এই শীতে মারা পড়বি। ফেলে দে তৃপ্তি ফেলে দে। চুরি করে খাবার জন্য পিকনিকে আসিনি। এটা মিষ্টি না আর্সেনিক, বিষ। তখন একটু দূরে দেখা যাচ্ছে সিক্সথ ইয়ারের দাদারা গরম চা আর দুপুরের বাসি পাপড় ভাজা সটাচ্ছে। পেট বটে। পিকনিক পর্ব শেষ। পেট অনেকটাই খালি। মুখে আর মনে কেন জানি না একটা দুঃখী দুঃখী ভাব। না খুব একটা জমলো না। এক এক করে বিদায় পর্ব। এই সুন্দর অপরূপ মহিমময় হিমালয়। তোমাকে আজ সমস্ত শ্রদ্ধা নিয়ে অপরাহ্নের শত কোটি প্রণাম জানালাম। আজকের দিনটা কোনদিন ভুলবো না। চিরদিন মনে থাকবে।গিরিরাজও সেই রকম উদ্ধত ভঙ্গিতে মাথা উঁচু করে আমাকে বিদায় জানাল।

আর আমরা মাথা নিচু করে এক একজন লরির মাথায় উঠতে লাগলাম। প্রচণ্ড জোরে লরি ছুটছে। অন্ধকার নেমে এসেছে পাহাড়ে। দূরে জঙ্গল আর সিকিমের পাহাড়কে ভূতের মতো লাগছে। শীতের হাওয়া মনে হচ্ছে লরির মাথা থেকে আমাদের ফেলে দেবে নিচে। সবাই গান জুড়েছি রঘুপতি রাগব। আমার মুখ দিয়ে বেরোচ্ছে বাঘোপতি বাঘ হবো। আমার কোনো দোষ নেই। পয়লা জানুয়ারির দুর্দান্ত ঠান্ডা আর খালি পেট একেবারে অবশ করে দিচ্ছে। অবশেষে, অবশেষে রাত প্রায় 10 টার সময় আমরা হোস্টেলে এসে পৌঁছালাম। সুপার দিদি ডাকলেন, এসো সবাই। তোমাদের রোল কল করি। কি করব? মরে যাচ্ছি খিদেয়। দিদিকে লজ্জা লজ্জা মুখে বলি, দিদি কিছু কি আছে? দিদি বলেন, কি? এই কিছু খাবার। ও তোমরা খাবে। যাও, শীঘ্রই যাও। দেখো প্রভা হেঁসেল তুলে দিয়েছে কিনা। মারো গুলি। মিলখা সিংহের গতিতে আমাদের দঙ্গল কিচেনের দিকে দৌড় লাগালাম। ক্ষুধার রাজ্যে পৃথিবী গদ্যময়। পূর্ণিমার চাঁদ যেন ঝলসানো রুটি।

Avideep
27/8/2025

নববর্ষ

নববর্ষ বা পয়লা বৈশাখ। এসো হে বৈশাখ এসো এসো। পয়লা বৈশাখ মানেই প্রথম দিন বাঙালির নববর্ষ। চৈত্র মাসের শেষ দিনটি চড়ক পূজোর উৎসবের মধ্যে দিয়ে বছর শেষ। আর বৈশাখ মাসের প্রথম দিন দিয়ে নতুন বছরের সূত্রপাত বা শুরু। এই দিনটি সকলের কাছেই ভীষণ শুভ দিন। তা শুভ দিনের সূত্রপাতে নানারকম পুজো-আচ্চা, খাওয়া-দাওয়া, ভালো ভালো জামাকাপড় পরা, নতুন নতুন জামাকাপড় পরাই তো হবে। তা সেগুলো হতোও আমাদের। সুন্দর সুন্দর নতুন জামাকাপড় পরে সারাদিন আমরা মজা করতাম। একদিক দিয়ে এই দিনটি বাঙালির গণেশ পূজোর দিনও বটে। সবার বাড়িতে এই দিনটিতে গণেশ পূজো হতো। আজ তোমাদের বলব নববর্ষের দিন আমরা কী কী করতাম, কীভাবে উদযাপন করতাম এই পয়লা বৈশাখটা। আমাদের বাড়িটা যেহেতু খুব পুরনো পাড়ায়, তো আমাদের চৈত্র সংক্রান্তির দিন থেকেই উৎসব শুরু হয়ে যেত। চৈত্র সংক্রান্তির দিন আমাদের পাড়াতে গম্ভীরা উৎসবের শুরুটা হতো। আর মহানন্দা নদীর উল্টো পাড়ে বিরাট চড়কের একটা মেলা হতো। আমরা যখন খুব ছোট সে সময়ের গল্পগুলো বেশ মজার ছিল।

আর নববর্ষের দিনগুলোও ছিল ভীষণ মধুর। নানারকম খাওয়া-দাওয়া হতো বাড়িতে। কত রকমের মাছের পদ, মাংস, পোলাও, নানারকমের ভাজা, ভুজি, সবজি। উফ! সে এক কাণ্ড। সবার বাড়িতেই এটা হতো। সব থেকে মজার ব্যাপার যেটা ছিল সেটা কি জানো? ভোর রাত থেকেই বাড়িতে গণেশ মূর্তি দিয়ে যেত অনেক মানুষজন। আর সেই গণেশ মূর্তির সঙ্গে দিয়ে যেত বিশাল বড় বড় মাছ আর মিষ্টির প্যাকেট, দৈ য়ের হাঁড়িও। এই যারা ওই ভোরবেলা গণেশ মূর্তিগুলো দিয়ে যেত তারা আবার দু'দিন পরে এসে চার ডবল টাকা, ধুতি, নানারকম খাবার-

দাবার, মিষ্টি এসব নিয়ে যেত। সেটাই তাদের মজা। কেন নিয়ে যেত বলতো? সবকিছু শুভ শুভ হয়। আর এই শুভটা যেন সারা বছর ধরে বাড়িতে থাকে। সেইজন্যই তারা এই নতুন বছরটা এইভাবে উদযাপন করত। আর একটা মজার ব্যাপার ছিল, সেটা হচ্ছে এই দিন ছিল বাঙালির হালখাতা পূজো। অনেক দোকানে নতুন খাতা খোলা হতো। আর সেই সব দোকান থেকে বাড়িতে আসতো বাবার নামে গোলাপি রঙের কার্ড। কি সুন্দর দেখতে সেই কার্ডগুলো জানো! আর নববর্ষের দিন সেই কার্ড নিয়ে যখন আমরা দোকানে যেতাম সেই দোকানগুলোতে, তখন তারা আমাদের বড় বড় মিষ্টির প্যাকেট দিত। শাড়ির দোকান থেকে কার্ড

আসতো, হার্ডওয়্যারের দোকান থেকে কার্ড আসতো, স্বর্ণকারের দোকান থেকে কার্ড আসতো। অনেক সময় ডিসপেনসারিতেও কার্ড আসতো। আর ক্রেতারা কী করতো? অল্প কিছু টাকা দিয়ে সেই দোকানে যেত। আর ওই হালখাতার নতুন খাতাটিতে নিজেদের নাম সই করে সেই টাকাটা চাঁদা দিত। তার পরিবর্তে সেই দোকানের মালিকরা বড় বড় মিষ্টির প্যাকেট দিত। অনেক কিছু খাওয়াত। আমাদের বাড়িতে যে কার্ডগুলো আসতো সেগুলো আমরা সব ভাগাভাগি করে নিতাম। যেমন আমি যেহেতু সবার থেকে ছোট বাড়ির মধ্যে, বয়সও তখন বেশ ছোটই। আমি বাড়ির কাছাকাছি যে দোকানগুলো সেই দোকানগুলোতে যাওয়ার পারমিশন পেতাম। আমি তিনটে কার্ড পেতাম। একটা হচ্ছে আমাদের পাড়ার মধ্যে। আরেকটা ছিল আরেকজন ছিলেন ডক্টর জিসিংহ। আর একটা সোনার দোকানের যেতাম, মারা যেখান থেকে সোনার গয়না টয়না বানাতো সেখান থেকে। সেই দোকানের মালিকের নাম ছিল মজুমদার।

আমার দাদারা যেত বড় বড় দোকানগুলোতে। তারা যখন বাড়িতে ফিরে এসে সব খাওয়ার বর্ণনা দিতো তার কি কথা তোমাদেরকে কি

বলব? হ্যাঁ, তারা সব বসে বসে নানারকম সব খেত। আর যখন আমাদের এসে বলতাম রাত্রে হিংসে জ্বলে পুড়ে মরতাম। তা যাক হিংসে করে তো আর লাভ নেই বলো। আমাদের প্যাকেটগুলোতে কি থাকত বলি? আমাদের প্যাকেটে থাকত মতিচুরের লড্ডু। গজা, খাজা, জিলিপি, আমৃতি আর পান্তুয়া। কখনো কখনো শুকনো বোঁদেও থাকত। দোকানে যখন আমরা যেতাম ভালো জামাকাপড়, ভালো জুতো টুতো পরে যেতাম। তা যাওয়া মাত্রই আমাদের গায়ের উপর দানে দিয়ে গোলাপ জল ছিটানো হতো। বাপ্পা! জামাকাপড় যেন একবারে ভিজে যেত। তারপরে দিত-শরবত। যাকে এখন তোমরা বলো লাসি। আমি বাবা কখনো সেই শরবত খেতাম না। কেন বলো তো? অনেক সময় দেখতাম সেই শরবতটা না একটা ড্রামের মধ্যে বা বালতির মধ্যে গোলানো হয়েছে আর হাত দিয়ে ঘুঁটে ঘুঁটে সেই শরবত তৈরি হচ্ছে। তারপরে কি করতাম বলো তো? সেই মিষ্টির প্যাকেট নিয়ে বাড়িতে এসে পা ছড়িয়ে বসে ভীষণ মজা করে সেই মিষ্টিগুলো খেতাম। আর আমার ছোট-- আমার তো কোন ছোট ভাইবোন নেই। আমি তো সবার ছোট্ট। তবে আমার ছোট ছোট ভাইপো, ভাইজিরা ছিল। তাদেরকেও ভাগ দিতাম। এই তোমাদের মতন ছোট ছোট। একটু একটু দিতাম বেশি দিতাম না।

আরেকটা ব্যাপার ছিল নববর্ষ থেকেই সেটা শুরু হতো। সেটা কি বলো তো? কদিন পরেই তো পঁচিশে বৈশাখ। ও মা! কবিগুরু রবীন্দ্রনাথ ঠাকুরের জন্মদিন না? ওরে বাবা! স্কুল ছুটি। তাতে কি হয়েছে? আমরা অনেক রকম ফাংশন করতাম স্কুলে গিয়ে। দিদিরা আমাদের stage বানিয়ে দিতেন আর আমরা-- আমাদের দিদিরাও আসতেন সেই ফাংশন দেখতে। আর ছাত্রীরা তো আসতই। আমাদের তো girl's স্কুল ছিল। ছাত্রীরাও আসত। তো আমরা সেই ফাংশনে নানা রকম নাটক করতাম, আবৃত্তি বলতাম, হ্যাঁ? আর সেগুলো তো বসে বসে আমাদের মুখস্থ করতে হতো। তাই নববর্ষ থেকে আমাদের শুরু হতো এই মুখস্থ করার কাজ, হুম? আর মুখস্থ যদি না হয়, ভালো করে যদি না বলতে পারি তাহলে

price পাবো কি করে বলো? হ্যাঁ? আর গানও গাইতাম। কত গান গাইতাম! তার মধ্যে একটা গান সব থেকে প্রধান ছিল সেটা হচ্ছে "হে নূতন দেখা দিক আর বার জন্মেরও প্রথম সুভক্ষণ।" কবিগুরুর উদ্দেশ্যে আমরা এই গানটা গাইতাম। তারপরে কি করতাম? সারাদিন গুল্লোড় করতাম নববর্ষের দিন। আর মজা করতাম আর খেতাম আর ছুটি ছুটি করতাম। আরও মজা করতাম। সারাদিন শুধু মজা, মজা, মজা। পড়াশোনা নেই। গরমের ছুটি পড়ে গেছে। নুন দিয়ে কাঁচা আম খেতাম লুকিয়ে লুকিয়ে। ভারী মজা। আরও অনেক দুষ্টুমি কোরতাম। আরও অনেক কিছু করতাম। সেগুলো এখন তোমাদের বলব না। তাহলে তোমরা আমার, আমার মতো দুষ্টু হয়ে যাবে। তোমরা তো আমাদের থেকে অনেক ভালো। আর কি হতো বলো তো? নূতনের নূতনত্বের স্বাদে ভরে থাকতো আমাদের নববর্ষ। আর কি মনে হতো? এই দিনটা যেন কোন দিনই না শেষ হয়। হ্যাঁ, নতুন বছরের নতুন দিন তবু তো প্রথম হতো। আর এই শেষ দিনটি আর একটা নববর্ষের অপেক্ষায় দিন গুনতো। কিরম লাগলো তোমাদের আমার এই নববর্ষের উৎসব? আজ শেষ করি।

Antareep

অল্প একটু ঘুরে আসা

হঠাৎ পাওয়া রঙিন হওয়া। তখন আমার বিয়ের বয়স ঠিক এক বছর নয় মাস।

শ্বশুরবাড়িতে বেশ ভালোই মানিয়ে নিয়েছি।

সন্ধ্যের দিকে ছাদে ঘুরি। নানারকম পত্রিকা নাড়াচাড়া করি। যেগুলো পুরনো পড়া হয়ে গেছে দেশ পত্রিকায় দশবার করে আবার পড়ছি। কখনো কখনো রেডিওগ্রামে রবীন্দ্রনাথের শ্যামা নয়তো সাপমোচন শুনি। রেডিওগ্রামটা বিয়ের সময় বাবা দিয়েছিল। এসব করে সময় কাটে। তাই স্বামীকে আঁকড়ে ধরলাম। ওর কাছে বাচ্চার মতন নানারকম বায়না করতাম। বকা, জকা, অভিমান এইসবে ভরা থাকত সন্ধ্যাটা। ও অফিস থেকে ফিরে আসার পর। বেশিরভাগ সময়ে প্রেম, ভালোবাসা নানারকম অভিমান এসব দিয়ে সমাপ্তি হতো। একদিন সন্ধ্যে বেলা, শ্বশুর শাশুড়িও আছেন, ওঁরাই চা বিস্কুট খাচ্ছেন। আমিও একটু চা খাচ্ছি। এই সময় আমার স্বামী ফিরে এল। অন্যদিন এর থেকে একটু আগেই ফিরে আসে। আজকে একটু দেরি হয়েছে। এসেই বলে, "শোনো, আগামীকাল সকালে জামশেদপুর যাব। একটা ইন্টারভিউ আছে। আমার জিনিসপত্র ব্রিফকেসে একটু গুছিয়ে দিও তো।" বাবা জানতে চাইলেন, "কদিনের জন্য যাচ্ছ?"

"এই দুদিনের জন্য।" আমার বুকটা ধড়াস করে উঠল। ওরে বাবা! দুদিন! আমি কি করে থাকব দুদিন? মাথা খারাপ। ওসব চলবে না। আমায় নিয়ে যেতে হবে। নিজেদের ঘরে এসে প্রথমেই ওকে চেপে ধরলাম। কোন কথা আমি শুনতে চাই না। আমি তোমার সাথে যাব। ও তো শুনতেই চাইল না। হাসতে লাগল। বলে, "আমার এটা অফিসের ইন্টারভিউ দিতে যাচ্ছি।" "ওসব আমি জানতে চাই না। তোমার কি রিজার্ভেশন হয়ে গেছে? না হলে আমার টিকিট কাটো।" যাকগে। হাসতে হাসতে ও

শেষ অব্দি রাজি হল। তবে আমার টিকিট কাটার কথাটা গোপনে রাখা হল যেন বাবা মা জানতে না পারেন। আরে ভাই, আমাদের সময় দিনকাল ছিল অন্যরকম। শ্বশুর শাশুড়ির মত ছাড়া আমরা কোথাও যেতে পারতাম না। রাতে খাওয়া দাওয়ার পর একটা গিট ব্যাগে দুজনের জিনিসপত্র গুছিয়ে নিলাম। আগামীকাল এগারোটায় আমাদের হাওড়া থেকে ট্রেন। ট্রেনের নাম কিন্তু এখন মনে নেই। সম্ভবত ব্ল্যাক ডায়মন্ড। এখন একটাই কাজ। বাবাকে পটাতে হবে। বাড়ির সর্বময় কর্তা হচ্ছেন বাবা। মানে আমার শ্বশুরমশাই।

বড় ছেলের কথা বাবা কখনো ফেলতে পারেন না। আমি ওকে জোর করে বাবার কাছে পাঠিয়ে মত আদায় করলাম। সেই ছ মাস আগে বেনারসে গিয়েছি। ট্রেনে উঠেই মনটা ভরে গেল। দুজনেই হাসি আনন্দে মজা করছি। কোথা দিয়ে যে সময় কাটল তা বুঝতেই পারলাম না। প্রায় সন্ধ্যের মুখে আমরা জামশেদপুরে নামলাম। এই নামটা আমার কাছে বহু পুরনো আর খুব প্রিয় নাম। কেননা আমার কলেজের বন্ধু এখানেই থাকত। ঠিক সন্ধ্যের মুখে জামশেদপুর স্টেশনে আমরা নামলাম। স্টেশনটা কিছু আহামরি নয়। খুব ঠান্ডা। ডিসেম্বর মাস। গায়ে আমাদের মোটা সোয়েটার কিন্তু কাঁপছি। বিহারে এরকম ঠান্ডা পড়েই। আর আগেও তাছাড়া আমার বিহার ভালো করেই ঘোরা আছে। আমাদের আগে থেকে কোন হোটেলে রিজার্ভেশন ছিল না। কাজেই আমরা একটা অটো ধরে ববি বলে একটা হোটেলে পৌঁছালাম। সেই সময় সন্ধ্যেবেলাটা জামশেদপুরে একঘন্টা লোডশেডিং থাকত। হোটেলটাতেও লোডশেডিং চলছে। কি খারাপ যে লাগলো বলে বোঝাতে পারবো না।হোটেলটা বাঙালির হোটেল। হোটেলটা তো খুব ভিড় ছিল। বেশিরভাগই মেডিকেল রিপ্রেজেন্টেটিভদের।

প্রথম দিন আমরা ভালো ঘর পেলাম না। দুটো খাটে দুজনে শুয়ে গল্প করতে করতে ঘুমিয়ে পড়লাম। আর হোটেলের রান্নাটা খাওয়াটা ভালোই ছিল। ভারী মজা করতে করতে ঘুমোলাম দুজনে। হাসি মজা

করছি আর দুজনে দুই খাটে শুয়ে নানারকম হাসি ঠাট্টাও চলছে। পরদিন খুব সকালে ও বেরিয়ে গেল। বেয়ারা আমাদের ঘর চেঞ্জ করে দিল। ব্রেকফাস্ট করে ব্যালকনিতে প্রায় সারাদিন আমার কাটলো। সামনের হোটেলটাতে একটা বিবাহ পার্টি ছিল। সেজন্য তারা খুব খুব ব্যস্ত ছিল। অনেক লোকজন আসছে। সারাদিন আমি বসে বসে এসব দেখলাম। তবে ওই যে বলে না, সারাদিন একা কাটলে ভীষণ খারাপ লাগে। ওই আর কি! ভীষণ খারাপই লাগলো বলতে গেলে। বিকেলে আমার কর্তা ফিরে এলে প্রাণ পেলাম। ও এসেই ক্ষমা চাইলো আমার কাছে। ইশ! তোমার কি বাজে কাটলো ইশ না! আমি সারাদিন শুধু তোমার কথা ভাবছি। Interview টা ভীষণ খারাপ হয়েছে। কাল আমাকে ডাকলেও আমি আর যাব না। কাল আমরা বাড়ি চলে যাব চলো। এখন সাজো তো খুব ভালো করে। ভালো সুন্দর করে সাজো। চলো আমরা বাইরে কোথাও খেয়ে আসি। খুব সেজেগুজে Quality তে গেলাম খেতে। এখন শুনেছি Quality রেস্টুরেন্ট এ নেই।

তখন কিন্তু বেশ ভালোই ছিল restaurant টা। রাস্তায় কি ভিড় বাবা! তার উপর ঠান্ডা। হোটেলের একদম কাছেই quality হাঁটা পথ। আমরা প্রচুর খেলাম। রাত্রের জন্য খাবার নিয়ে আসলাম। ও একটা Johnnie Walker Whiskey ও কিনলো। ওহ! আজ রাত্রে পুরো আমরা মাতাল হব। রাত্রে প্রচণ্ড শীতে জড়াজড়ি করে আমরা ঘুমিয়ে পড়লাম। বোতলটা আর খোলা হয়নি। নিজেদের মাতলামিতে নিজেরাই মাতাল হয়েছিলাম। এই ছিল আমাদের পুরস্কার।

ভূতের ভয়

ভূতের গল্প বলব, শুনবে? ভূতের নাম কি তোমরা শুনেছ? আমি কিন্তু অনেকগুলো ভূতের নাম জানি। আর অনেকগুলো ভূতের সঙ্গেও আমার পরিচয় আছে। যেমন ব্রহ্মো দৈত্যি, শাকচুন্নি, পেত্নি, লেলুল্লু, প্রেতাত্মা, পাসকুম। এদের সকলের সঙ্গে আমার ফ্রেন্ডশিপ আছে। এদের সঙ্গে বেশ কবারই আমার দেখাও হয়েছে। কিন্তু এরা আমার খুব একটা ক্ষতি করতে পারেনি। জাস্ট ভয় দেখিয়ে পালিয়ে গেছে। আবার অনেকগুলো ভূত আমাকে ভয় পেয়েছে। দুই একটা ডাইনি বুড়ির সঙ্গেও আমার গল্পগুজব হয় বৈকি! তার মধ্যে একটার নাম বাউরি বুড়ি। বিশ্বাস হচ্ছে না? বিশ্বাস করলে করো, না করলে না করো। তবে সত্যি বলছি, গরমকালের দুপুরে শোঁ শোঁ আওয়াজ করতে করতে বাউরি বুড়ি আসে। শুনবে বাউরি বুড়ির গল্প? আচ্ছা ঠিক আছে, তার আগে আমি দুটো সত্যিকারের ভূতে ভূতের গল্প বলছি। শোনো, এটা আরও মজাদার।

আমরা তখন থাকতাম বেঙ্গালুরুতে, ডায়মন্ড ডিস্ট্রিক্ট। মামরা থাকতো একচুয়ালি। মামদের কাছে আমি গিয়েছি, ওখানে আছি। বাড়িটা বিশাল, ক্লাস্টারটাও বিরাট বড়। চারিদিকে নারকেল গাছ। অনেক সময় ধুপ ধাপ করে নারকেলও পড়ত। আমার ঘরে একটা দেওয়াল আলমারিতে আমার জিনিসপত্র থাকত। আর একেবারে উপরের থাকে থাকত আমার কসমেটিক্স।একবার রাতে কি হয়েছে, মাঝরাতে কিছুতেই ঘুম আসছে না। মশারির মধ্যে শুয়ে শুয়ে আমি ঘরটাকে দেখছি। সব ঘরের দরজায় রাত্রে খোলা থাকে আর ড্রয়িং এ একটা নীল জিরো পাওয়ারের আওয়াজ বাতি জ্বলে। কাজেই বাড়িটা প্রায় অন্ধকার নয়। শুয়ে মনে হল হাতের তেলোটাতে একটু বোরোলিন লাগালে ভালো হয়। কেননা তেলোটা কিরকম খসখসে লাগছে। ঘরের লাইটটা নেভানোই আছে। আমি জ্বালানোর চেষ্টাই করলাম না। আস্তে আস্তে উঠলাম। চারিদিক সুনসান। ঘরের জানলা

দিয়ে নারকেল গাছের পাতার সনসনানি শব্দ। মনে হয় মধ্যরাত। কেমন যেন একা ছমছমে ভাব। আমি আন্দাজেই আমার দেওয়াল আলমারির কাছে গেলাম। দেরাজটা খুলে যেইমাত্র বরোলিনে হাত দিয়েছি, সেইমাত্র আলমারির ভেতর থেকে কেউ বলে উঠল, কেমন আছো তুমি? বহুৎ দিন সে বাত নেহি হুয়ি। তারপরেই সে নুপুরের হালকা ধ্বনি তুলে খিলখিল করে আস্তে আস্তে কোথায় যেন ছুটে পালিয়ে গেল। আমি কাঁপতে লাগলাম। মনে হচ্ছে আমার পায়ে জোর নেই। আমি দেরাজের পাল্লাটা ধরে শরীরের সমস্ত জোর দিয়ে বিথা দাঁড়িয়ে থাকতে চেষ্টা করলাম। দূরে মৃদু হাসির আওয়াজ আর নুপুরের ধ্বনি তখনও যেন শুনতে পাচ্ছি। আমি কোথায়? আমি কোথায়? আমি ভাবতে ভাবতে মাটিতে পড়ে যাওয়ার ঠিক আগের মুহূর্তে আমি ঘরের টিউব লাইটটা জ্বালাতে সক্ষম হলাম। আলোয় ঝকমক করে উঠল ঘর। আমি তখনও কাঁপছি। দেরাজের পাল্লাটা না তখনও দুলছে। সাহস চাই, সাহস, সাহস, সাহস! আমি মনের সর্বশক্তি সঞ্চয় করে দেরাজের ভেতরটা দেখতে চেষ্টা করলাম। না, সব তো ঠিকই আছে। নিশ্চুপ, শান্ত। কোন কসমেটিক্স এদিক ওদিক হয়নি। তাহলে আমি কি ভুল শুনলাম? এটা কি সম্ভব? এই সময় আমার চোখে পড়লো ছোট্ট একটা আয়নার দিকে। আয়নাটাকে আমি দেখলাম। হটাৎই আয়নাটা দেখে আমার অনেক দিনের একটা কথা মনে পড়ে গেল। আয়নাতে হাত দিয়ে আমি দেখলাম ওর একটা সুইচ অন করা আছে।

আমার মনে পড়লো, আমার মেয়ে আমায় বলেছিল, মা জানো, এই আয়নাটা না কথা বলে।... আমি বললাম, দূর! হ্যাঁ গো মা, সত্যি বলছি। তুমি বিশ্বাস করো, এর ভেতরে না একটা চিপ ঢুকানো আছে। যদি আয়নাটার সুইচ অন থাকে, আর যদি অন্ধকার জায়গাতে এর গায়ে হাত পড়ে, তাহলে কিন্তু এ কথা বলবে। তাই তো, তাই তো, আমার হাত তো আয়নার উপর পড়েইছে। আয়না তো আমি স্পর্শ করেছি। ও মাই গুডনেস! তাহলে এই কার সাজি। আমি প্রচণ্ড আনন্দে মনের দিশা হারিয়ে ফেললাম। মুখ চেপে ধরলাম নিজেরই, তা না হলে হয়তো মাম

বলে চিৎকার করতাম। আর মাম হচ্ছে আমার মেয়ের ডাক নাম। যাক বাবা, খুব ভালো লাগলো, ভূত নেই ভেবে। আমি আগেই জানতাম ভূত নেই। তবুও মাঝেমধ্যে ভূতের সঙ্গে আমার কেমন যেন যোগাযোগ হয়ে যায়। আরেকটা ঘটনা বলি, সেটাও খুব ভয়ের। ভূত বা প্রেতাত্মা আমার কাছে যে মাঝে মাঝে আসে, হ্যাঁ, সেই এটাও সেই একই ঘটনা। সল্টলেকে তখন আমি রয়েছি, একাই থাকি। কেননা তোমাদের দাদান চলে গেছে, একদম তারা হয়ে আকাশে মিলে গেছে। আর আমার ছেলেমেয়ে, ওরা নিজেদের কাজের জায়গায় থাকে, নিজেদের সংসার নিয়ে। তোমরাও থাকো বাবা মার সঙ্গে। কাজেই আগে আমার গল্পটা কখনো শোনোনি। আজকে আমি চুপি চুপি তোমাদের বলছি, কাউকে যেন বলো না, শুধু তোমরাই শুনবে।

এটা একটা রাতের কাহিনী। তখন গ্রীষ্মকাল, রাত্রের ডিনার একটু দেরিতেই সেরেছি। তারপরে বিছানায় গেলাম। আমি জানিনা আজকে কি তিথি? মানে সেদিন কি তিথি ছিল, অমাবস্যা নাকি পূর্ণিমা। তবে আবহাওয়াটা ছিল ভীষণ থমথমে। একটা গল্পের বই বিছানার ভেতরে নিয়ে গেলাম। গল্পের বইয়ে একটু চোখ রাখব, চোখটাও জুড়িয়ে আসবে। চোখ বুলাতে বুলাতে ঘুমিয়েও পড়লাম। ঠিক মাঝরাতে, ঠিক মাঝরাতে আমার ঘুমটা একটু পাতলা হয়ে গেল। বিছানার ভেতরে একটা মৃদু আওয়াজ পেলাম। কান পাতলাম, ঘুম জড়ানো চোখে যেন শুতে পেলাম একটা ছলক ছলক শব্দ। এবার একটু জোরে, আমি ঘুমন্ত জগৎ থেকে একটু বেরিয়ে আসার চেষ্টা করলাম। মনে হলো বিছানার মধ্যে জলে ভেজা শাড়ি পরে কেউ আমার দিকে এগিয়ে আসছে। এবার স্পষ্ট, ও মাগো! আমার কি হবে? আমি যেন স্বচক্ষে দেখতে পেলাম কোন কঙ্কাল নারী, ধীর পায়ে শীর্ণ হাত দিয়ে আমার গলা টিপতে আসছে। ও মাগো, আমি চিৎকার করতেও অক্ষম হলাম। তখন আমি ভয়ে কাঠ হয়ে গিয়েছি। সেই মুহূর্তে কনকনে সে ঠান্ডা নারী আমার পিঠের তলে মুখ গুঁজে, আমার পিঠের তলে সিঁটিয়ে মুখ গুঁজে যেন শুয়ে পড়লো জোর

করে। ও ভগবান, রক্ষা করো। রাম, রাম, রাম, রাম, রাম, রাম, রাম, রাম, রাম, সীতা রক্ষা করো রাম সীতা। এটা তো জীবনের শেষ দিন। ও বাবা গো, আমি ভূতের কামড়ে মরলাম। শরীরের সবটুকু জোর দিয়ে আমি টিউব লাইটটা জ্বালাতে পারলাম, পারলাম। হ্যাঁ, শেষ পর্যন্ত আমি জ্বালিয়েছি। ঘরটা আলোয় ভরে উঠেছে। পাশে থাকানোর ক্ষমতা নেই। কি করে তাকাবো? কেউ যেন আমার দিকে তাকিয়ে রয়েছে, ও মাগো!

কি দেখলাম যেন? হিসোনা কিন্তু। হঠাৎ পাশে তাকিয়ে দেখি, রাত্রিবেলা শোয়ার সময় আমি ফ্রিজ থেকে ঠান্ডা কনকনে একটা জলের বোতল বিছানার মধ্যে রেখেছিলাম। রাত্রে দু'এক চুপু খেয়েছি। তারপর কখন ঘুমিয়ে পড়েছি মনেই নেই। মধ্যরাত্রি, মধ্যরাত্রে সেই বোতলটাই আমার দিকে গড়িয়ে গড়িয়ে আসছিল। আর ছলক ছলক করে শব্দ হচ্ছিল জলের বোতলের। বোতলটাকে হাত দিয়ে দেখলাম তখনও কি ঠান্ডা! আমি কি বোকা, না? এই ঠান্ডা বোতটাকে ভূত ভেবেছি। শোনো না, আমার দাদু ভাইরা, আমার দিদি ভাইরা, মানুষ এরকমই বোকা জানো তো? ভূত বলে কিচ্ছুটি নেই। আমরাই বুদ্ধুর মতো ভয় পাই ওদের। ভূত মানে প্রকৃতপক্ষে আমাদেরই মনের ভুল। যেমন রাস্তায় অনেক সময় এক টুকরো দড়ি দেখলে আমরা কি ভাবি? সাপ ভেবে আমরা অনেক সময় ভুল করি না। এ ঠিক সেইরকম। কক্ষনো ভয় পাবে না, বুঝলে? আমার ছোট্ট বন্ধুরা, গল্পটা এখানেই শেষ হয়ে গেল। তাহলে এসো, আমরা এই ছড়াটা সবাই মিলে বলি, ভূত আমার পুত, পেতনি আমার ঝি, রাম লক্ষ্মণ সাথে আছে, করবি আমার কি?

আমার হিরো

পুজোর আগেই আমি আর বুবুন জ্বরে পড়লাম। আমার স্বামী এবং মেয়ে । ওর খুব মন খারাপ। পুজোর ছুটি বোধহয় এবার মাঠে মারা গেল। হঠাৎই ছোটদার চিঠি পেলাম। ছোটদা লিখেছে পুজোতে তোরা এখানে চলে আয়। অনেকদিন তো এই মুখে হোস না। এবার সবাই মিলে পুজো কাটাবো। খুব মজা হবে। সত্যি, মা বাবা অমৃতলোকে চলে যাওয়ার পর আর পুজোতে সেরকমভাবে বাপের বাড়ি যাওয়া হয়েই ওঠে না। ওই আর কি। কোন উৎসব, বিয়ে পেতে নেমন্তন্ন পেলে তবেই যাই। আমাদের মেন বাড়িতে বড়দার ছেলে বাবুই পরিবার নিয়ে থাকে। আমার ছোটদা ও নিজের বাড়ি করে চলে গেছে। বাবা মা গত হওয়ার পরই। ছোটদির বাড়িও খুব কাছে। কাজেই সবাই মিলে মিশে পুজোটা এনজয় করলে ভালোই লাগবে। আমি যেন ছোটদার চিঠিটা পেয়ে সত্যি কথা বলছি। একদম স্বর্গ হাতে পেলাম। ষষ্ঠীর দিন সকালে আমরা ছোটদার বাড়ি গিয়ে পৌঁছালাম।

ছোটদা আমাদের পারিবারিক পুজোটা এখনও বজায় রেখেছে। ও নিজেই পুজো করে। মিঠুর বাড়িতেও মানে আমার বড়দার ছেলেও পারিবারিক পুজোটা বজায় রেখেছে। ওর বাড়িতেও পুজো হয়। আর ছোটদা নিজে চন্ডীপাঠ করে। ছোট বৌদি ভোগ রান্না করে। খুব ভালো রান্না করে ছোট বৌদি। সব মিলে মিশে আনন্দে যেন সবাই মাতোয়ারা। কোথা দিয়ে চারটে দিন কেটে গেল বুঝতেই পারলাম না। বিজয়ার দিন মানে দশমীর দিন দুটো গাড়ি করে আমরা গৌড় গেলাম। গৌড় তো অনেকবারই দেখা। তবুও এবারে বেশ ভালো লাগল। তার কারণ বাচ্চারা খুবই বুদ্ধিমান। ওরাও একটু বড় হয়েছে। ওই টিনএজার আর কি! তার থেকে ছোট ছোটও আছে।

সবাই মিলে হৈচৈ করতে করতে গৌড় দৌড়োনো হল দুটো গাড়ি করে। আর বাচ্চারা দৌড়োদৌড়ি করে ফিরোজ মিনার, বারো দুয়ারি, লোটন মসজিদ খুব ভালো করে উপভোগ করল। আমাদেরও খুব ভালো লাগল। মদনমোহন মন্দিরে গেলাম। পতিত পাবন শ্রীশ্রী রাধাকৃষ্ণের মন্দির। শ্রী শ্রী চৈতন্যদেব মহাপ্রভুর পদচিহ্ন দর্শন করলাম। মনটা একদম ভরে গেল। আনন্দ খুশি চারিদিকে যেন ছড়িয়ে ছিটিয়ে। সব যেন আঁচলে বেঁধে নিয়ে আসলাম। তারপরে তো বাড়ি ফেরার পালা। যাই হোক, দুটো গাড়িতে গাদাগাদি, ঠাসাঠাসি করে আমরা চেপে বসেছি। গাড়িও চলছে যেমন কখনো ধাঁধা, কখনো প্রচণ্ড হাসাহাসি। যাই হোক, খুবই ভালো লাগছিল। মনটা একেবারে হালকা। দুটো গাড়িই চলেছে শহরের দিকে। ধূসর সন্ধ্যা নেমে আসছে। সূর্যের রঙটাতেও সোনালি আভা ছরাচ্ছে।

আর বাতাসে আছে জঙ্গলের বুণো গন্ধ। ওহো! একি কাণ্ড! ধুম করে একটা গাড়ির চার টায়ার ফেটে গেল। আমাদের গাড়িটা ঠিকই চলছিল। সামনের গাড়িটা গেছে। যাই হোক, দুটো গাড়িকে দাঁড় করানো হলো। এখন টায়ার ঠিক করতে কতক্ষণ যে টাইম লাগবে কে জানে রে বাবা! বাচ্চারাও রাস্তায় নেমে খেলতে শুরু করল।

হঠাৎ দেখি দূরে অনেক দূরে ছোট্ট একটা কেউ দৌড়ে আসছে। কাছাকাছি যখন এলো মানুষটা দেখলাম বাচ্চা একটা ন দশ বছরের বাচ্চা ছেলে। তখন আমরা গলা ছুড়িয়ে গলা একদম সপ্তমে চড়িয়ে শরৎ তোমার অরুণ আলোর অঞ্জলি গানটা গেয়ে চলেছি। আমার কর্তা হাসতে হাসতে এসে বলল, বুঝলে?

চারপাশের পরিবেশ মনোমুগ্ধকর ঠিকই। পাকা ধান গাছের অপূর্ব গন্ধ আর অরহরডালের গাছের গন্ধও আছে। প্রাণ খুলে, তুমি গানও গাইছো। ভালোই লাগছে সবার সাথে। কিন্তু বাড়ি যে কখন ফিরব কোন ঠিক নেই। ছাড়ো তো। এখন এনজয় করছি। এনজয় করতে দাও। এই তো

বাচ্চাটা একদম কাছে এসে পড়েছে। আমি ওকে বললাম দেখো দেখো। ও বলল, “বাহ! তুমি তো সাথী পেয়ে গেলে গো”। আমি বললাম, “হ্যাঁ, আমার তো বাচ্চাদের সাথে, গল্প করতে ভীষণ ভালো লাগে। আর একটু গায়ে পড়ে আমি আলাপ করতেও ভালোবাসি। বাচ্চাটা দৌড়োতে দৌড়োতে এসে একদম গাড়ির কাছে এসে দাঁড়িয়ে পড়ল। আর দম নিতে লাগল। আমি অবাক হয়ে জিজ্ঞেস করলাম।আরে এতটুকু ছোট বাচ্চা একা একা! “তুই কোথায় যাচ্ছিস?” ও উত্তর না দিয়ে আমায় জিজ্ঞেস করল, "তুরা কোথা থেকে আসছিস?" আমি হেঁসে ফেললাম। বললাম, "গৌর থেকে। আর তুই?" "ওই উধা ঠেঙে।" তার পাশে বড় বড় চোখ করে আমাদের বাচ্চাদের দেখতে লাগল।

আমি এই সময় বাচ্চাটাকে খুব ভালো করে লক্ষ্য করলাম। আজ বিজয়া দশমী। বাচ্চাটাকে দেখে আমার কবিগুরু রবীন্দ্রনাথের একটা কবিতার লাইন মনে পড়ল। "আনন্দময়ীর আগমনে আনন্দে গিয়াছে দেশ ছেয়ে, হেরো ওই ধণীর দুয়ারে দাঁড়াইয়া কাঙালির মেয়ে।" এটি অবশ্য ছেলে। হিমেল হাওয়া শুরু হয়ে গেছে। শীতের আমেজ একটু একটু করে আসছে। পুজোর উৎসবের আজকে শেষ দিন, বিজয়া দশমী। সবার ভাগ্যে তো একটা নতুন জামা জোটে, নতুন প্যান্ট জোটে। কিন্তু জানিনা এরা কি খুবই দরিদ্র। আমি দেখলাম ছেলেটার গায়ে একটা আধময়লা গেঞ্জি আর প্যান্টেও গিট বাঁধা।

কপালে একটা দুর্গা মায়ের টিপ আছে। ওইখানে বোধহয় সিঁদুর খেলা হয়েছে। তার একটা লম্বা সিঁদুরের টিপ। কেউ হয়তো পড়িয়ে দিয়েছে ওকে। কি সুন্দর মুখখানা! এরোখেরো চুল। মুখে একটা মিষ্টি দুষ্টু হাসি আর অপার বিস্ময়। ছেলেটার হাতে দেখলাম ছোট্ট একটা তেলের শিশি। মুখটা একটা কাঠের ছিপি দিয়ে আটকানো। আর ছিপির গায়ে ঝুলছে একটা দড়ি। আর কাঁচের শিশিটার ভেতরে একটুখানি সর্ষের তেল। বোধহয় ওর মা ওকে বলেছে একটু সর্ষের তেল কিনে আনতে। সেটাও

জানতে পারলাম এক মাইল দূরে। সেখান থেকে ওই ছেলেটা আসছে দূর্গা প্রতিমা দর্শন করে। আমি এক অদ্ভুত মায়া আর এক ভালোবাসায় আচ্ছন্ন হয়ে পড়লাম। আমার মাতৃ হৃদয় যেন উথলিএ উঠল। "তোর নাম কিরে বেটা?" "বিষ্টু। জানিস না?" আমি বললাম, "না। তোকে তো আগে কোনোদিন দেখিনি। এই তো প্রথম দেখছি বাবু।" ছেলেটা হেসে বলল। "তোর নাম কি?" আমি বললাম, "আমার নামটা বিরাট। তুই মনে রাখতে পারবি না।" "তুই স্কুলে পড়িস?" "পড়ি তো। লম্বা স্কুলে পড়ি আমি।" "ওরে বাবা! তাই বুঝি। বাহ! বেশ তো। খুব ভালো। তোর বাড়িটা কোথায়?" "ওই উন্ঠে আমার বাড়ি।" দূরে আলপথের দিক দিয়ে একটা হাত দেখালো। কতদূর! সেটা

বুঝতেই পারলাম না। আমার শুধু মনে হলো এই বাচ্চাটা বাড়ি যাবে। ওর মা হয়তো এই তেলটা দিয়ে কিছু রান্না করবে। আর এই ভবঘুরেটার তো বাড়ি যাওয়ার নামই নেই। "কিরে বিষ্টু, বিষ্টু বাবু, বাড়ি যাবি না?" "যাব তো।" "যাও। মা দেখো রান্না করবে। বসে আছে তো। তুমি তেল কিনে আনবে। তারপর মা কত ভালোমন্দ রান্না করবে।" ও আবার হাসতে লাগল। বলল, "হ্যাঁ। এখন যাব।" তারপরে হঠাৎ আনমনে কি যেন মনে পড়ল। আলপথের ভেতর দিয়ে না দৌড়তে লাগল। কতদূর আলপথ বরাবর ও দৌড়তে লাগল। আমি দু'চোখ ভরে ওর দৌড়নো দেখতে লাগলাম। তারপরে একসময় ও ধানের জমির ভেতরে কোথায় যেন মিলিয়ে গেল। কোথায় যেন ছায়া হয়ে গেল। ঝাপসা আলো। আমি ভালো করে ওকে আর দেখতে পেলাম না। ও চলে গেল। আমাদের গাড়িও ঠিক হয়ে গেছিল।

আমার মাতৃ হৃদয় ডুকড়িয়ে কেঁদে উঠল। আহারে! একটা কেউ জামাও দেয়নি ওকে। কি করব? আমি এখন ওর জন্য কি বা করতে পারি? ও তো দৌড়ে চলেও গেছে। একটা মিষ্টিও নেই যে ওর হাতে দেব। কি দেব ওকে খেতে? ও তো চলে গেছে। জামাকাপড় তো আর

এখানে সঙ্গে করে নিয়ে আসেনি। শুধু মনে মনে ঠাকুরের কাছে ওর জন্য আমি প্রার্থনা করলাম। আমাদের যতগুলো বাচ্চা গৌড়ে গেছিল, আমার বাচ্চারা, দুটি বাচ্চা, ছোটদার দুটো বাচ্চা, ছোটদির দুটো বাচ্চা। সকলের জন্য যেমন মা দুর্গার কাছে প্রার্থনা জানালাম দু'হাত তুলে, "মা, সবাইকে ভালো রেখো। সবার মঙ্গল করো মা।" আমি বাচ্চাটার জন্য দু'হাত তুলে মায়ের কাছে প্রার্থনা জানালাম, "মা, ওই বাচ্চাটি যেন ভালো থাকে। যেন ও বড় হয়। অনেক বড় হয়ে যেন ও মানুষ হয়। আর ও নিজের রোজগারের টাকা দিয়ে যেন ওর মার দুঃখ ঘোচাতে পারে। ওর নিজের জন্য যেন ভালো জামাকাপড় কিনতে পারে। ভালো চাকরি যেন করে। মানুষের মতো যাতে মানুষ হয়।"

হাসলাম মনে মনে। আমার কি এত ক্ষমতা? আর এত লোকের কথা -- আমার প্রার্থনা কি মায়ের কাছে পৌঁছাবে? পৌঁছতেও পারে। মা তো জগৎজননী। মা তো সবার, সবার।

বাচ্চাটি চলে গেল। যেন মনে হলো আমি আমার শৈশবে ফিরে চলে গেছিলাম। শৈশবে আমার একটা হিরো ছিল। সেটা খগেন্দ্রনাথ মিত্রের লেখা একটি বইয়ের হিরো। "ভোম্বল সদ্দার"। সেই বুড়ি মার "টম্বল"। আমিও বোধহয় তখন "ভোম্বল" বলতে পারতাম না, "টম্বলই" বলতাম। সেই টম্বলের যেন আজ দেখা পেলাম। এতকাল পরে যেন আমার হিরো "ভোম্বল" আমার কাছে ধরা দিল। একটুক্ষণের জন্য। এটা যেন আমার কাছে এক পরম পাওয়া। শৈশব, শৈশব, জীবনটা যদি শৈশবেই থেমে থাকতো ।

www.ingramcontent.com/pod-product-compliance
Lightning Source LLC
LaVergne TN
LVHW051135210926
848482LV00006B/325
9798905607257